T0246889

Peter Russell

Déjalo ir

Relaja la mente y descubre el milagro de tu verdadera naturaleza

Prólogo de Eckhart Tolle

Traducción del inglés de Fernando Mora

editorial Kairós

Título original: LETTING GO OF NOTHING

© 2021 Peter Russell

© de la edición en castellano:
2022 by Editorial Kairós, S.A.
www.editorialkairos.com

Fotocomposición: Grafime. 08014 Barcelona
Diseño cubierta: Katrien Van Steen
Imagen cubierta: Arek Socha
Impresión y encuadernación: Litogama. 08030 Barcelona

Primera edición: Enero 2022
ISBN: 978-84-9988-981-8
Depósito legal: B 461-2022

Si sueltas un poco, obtendrás un poco de paz.
Si sueltas mucho, tendrás mucha paz.
Si sueltas completamente, alcanzarás la paz completa.

AJAHN CHAH

Sumario

Prólogo

Desde la antigüedad, tanto las tradiciones religiosas orientales como las occidentales han reconocido que la práctica de soltar –que suele equipararse con la renuncia a las cosas de las que el ego pretende derivar algún beneficio– es el requisito indispensable para trascenderse a uno mismo y alcanzar el despertar espiritual. Los *sadhus* (ascetas mendicantes) de la India, los sufíes islámicos y los monjes budistas compartían esta práctica, al igual que algunos filósofos griegos de la antigüedad, como Diógenes, y los primeros eremitas cristianos conocidos como padres y madres del Desierto, cuyo estilo de vida y práctica evolucionaron hasta convertirse en la tradición monástica de la Edad Media.

Todos ellos sustentaban la creencia de que, para avanzar en el sendero espiritual, es imprescindible renunciar a los apegos con los que se alimenta el ego mundano: en especial, las posesiones materiales, pero también el hogar, comer en exceso, el bienestar, la sexualidad, las relaciones personales y la totalidad de los placeres sensoriales. La idea subyacente es que estas prácticas privan al ego –o yo falso– de todo aquello con lo que se identifica, matándolo de inanición, por así decirlo. Esta pretensión no es en absoluto tan absurda como podría parecernos en el siglo xxi, y algunos de aquellos intrépidos exploradores de los reinos interiores, según parece, llegaron de este modo a trascenderse a sí mismos y alcanzaron «la paz que sobrepasa todo entendimiento», por utilizar las palabras de la Biblia.

Sin embargo, también cabe afirmar que una gran mayoría de ellos permaneció confinada en un sentido egoísta del yo. Muchos se identificaban con las estructuras y las ideologías de sus creencias religiosas, confundiéndolas con la Verdad que nos hace libres. Otros desarrollaron una poderosa imagen de sí mismos, basada en su estatus espiritual, percibiéndose como seres humanos que habían renunciado a todo. En otras palabras y por decirlo de alguna manera, el ego se coló de nuevo por la puerta trasera. Sin darse cuenta de ello, estos practicantes espirituales se encontraron de nuevo atrapados en una identidad conceptual. La mayoría tendía a poner excesivo énfasis en el desapego hacia lo externo, descuidando el aspecto interno. Paradójicamente, podría decirse que, si bien renunciaban a todo, no se desprendían de nada.

El valioso libro de Peter Russell se convertirá en un compañero indispensable en nuestro camino espiritual, mostrando claramente la importancia de la dimensión interior del soltar, es decir, soltar el apego a los pensamientos, así como a las emociones, que son el reflejo de nuestros pensamientos. Estas formas de pensamiento son narrativas que constituyen un denso velo a través del cual percibimos –o, mejor dicho, percibimos de forma errónea– la realidad. Esta narrativa –la voz en nuestra cabeza– está formada por expectativas, quejas, lamentos, agravios, preocupaciones, etcétera. Muchas de estas narrativas, en especial las repetitivas, generan ansiedad, ira, odio y otras emociones negativas, constituyendo lo que podríamos llamar la mente no observada. Esta actividad mental inadvertida es la responsable de la mayor parte del sufrimiento, tanto personal como colectivo, causado por el ser humano en nuestro planeta,

La mayoría de los seres humanos siguen estando, casi literalmente, poseídos por el pensamiento. No piensan, sino que el pensamiento les sucede. El principio del despertar espiritual reside en la comprensión de que no somos la voz en nuestra cabeza, sino quienes tenemos conciencia de dicha voz. Somos la conciencia que hay detrás de nuestros pensamientos. A medida que se desarrolla esta comprensión, comenzamos a derivar nuestro sentido de identidad cada vez más del espacio de la conciencia y menos de nuestras narrativas mentales. Y dejamos de *identificarnos con el pensamiento*. ¡El pensamiento deja de estar imbuido con el sentido del yo!

Este es el abandono último, la única renuncia verdadera. Aunque seguimos disfrutando de los objetos externos, como posesiones y placeres sensoriales, estos pierden su importancia fundamental y su naturaleza adictiva. Los disfrutamos, mientras perduran, con una sensación de desapego (alerta de espóiler: ¡no perduran!). Y, cuando dejamos de identificarnos con ellos, la vida se ve despojada de su absoluta seriedad.

Mi sugerencia es que utilicemos este libro como un manual para el desprendimiento interior, que constituye la práctica espiritual más importante. ¿Y cuál es el criterio de progreso en este sendero? El pensamiento pierde cada vez más su capacidad para hacernos infelices. Somos menos reactivos ante las situaciones o las personas que nos contrarían. Reconocemos que la preocupación es inútil y destructiva, por lo que somos capaces de soltarla cuando aparece. Disfrutamos de paz interior y satisfacción en el momento presente. Y quizá empecemos a darnos cuenta de que no somos una mera persona, sino parte esencial e intrínseca de la evolución de la conciencia universal.

Eckhart TOLLE

Prefacio

La llamada a soltar reside en el corazón de todas las tradiciones espirituales del planeta. No apegarse a los resultados, desprenderse de los deseos, aceptar el presente, abrirse a un poder superior, renunciar al ego, practicar el perdón…, todo ello forma parte de lo que implica soltar.

Pero ¿por qué soltar se considera tan relevante? Esta enseñanza afirma de manera reiterada que el aferramiento limita nuestra percepción, nubla nuestro pensamiento y es causa de buena parte del sufrimiento que experimentamos. Soltar, en cambio, nos alivia de todo lo anterior. La mente se relaja y, libre de tensiones y de la energía que dedicamos a aferrarnos, sentimos una paz mucho mayor. Vemos las cosas tal cual son, despojadas de cualquier capa de miedo o ansiedad. Nos abrimos más al amor y a nuestros semejantes. Nos damos cuenta de que lo que buscamos cuando nos aferramos –seguridad, felicidad, alegría, paz mental– está ahí todo el tiempo, pero es nuestro apego el que vela su presencia.

Soltar asume muchas formas: soltar creencias o puntos de vista inalterables, soltar el hecho de tener razón, soltar el ego, soltar el pasado o las expectativas del futuro, soltar el apego a las posesiones y las relaciones, soltar los juicios y las quejas, soltar las emociones negativas, soltar las suposiciones sobre el modo en que deberían o no deberían ser las cosas, etcétera.

En estos y muchos otros casos, estamos llamados a soltar creencias, proyecciones, expectativas, interpretaciones, actitudes y apegos. Sin embargo, estas no son objetos como lo son un libro, una casa o una persona, sino que solo existen en nuestra mente.

No nos desprendemos de las cosas en sí, sino de la forma en que las percibimos. De ahí el título de este libro: *Déjalo ir*, o, como en ocasiones me gusta decir, «Suelta lo que no existe».

* * *

Las semillas de este libro fueron sembradas hace mucho. Cuando aprendí a meditar por vez primera, me di cuenta de lo valioso que es soltar, aunque no siempre resulte fácil. A finales de los años sesenta y principios de los setenta del pasado siglo, tuve la fortuna de estudiar con Maharishi Mahesh Yogi, fundador de la Meditación Trascendental, quien hacía hincapié en la completa ausencia de esfuerzo y en dejar de intentar alcanzar un estado especial. Gracias a sus enseñanzas, adquirí un sólido fundamento en la filosofía india y en la naturaleza del despertar espiritual, que se convirtió en la base de buena parte de mi trabajo de entonces, y que todavía sigue siéndolo.

Posteriormente, se cruzó en mi camino el libro *Un curso de milagros*, cuyo mensaje esencial podría resumirse en la necesidad de soltar nuestro sistema de pensamiento egoico, ofreciendo un conjunto de ejercicios y meditaciones con ese fin, que resonaban con lo que yo estaba descubriendo y que me permitían profundizar en mi propia práctica.

Con el tiempo, también me fui familiarizando con las enseñanzas del Buddha, quien percibió que la principal causa de sufrimiento consiste en aferrarnos a nuestros apegos sobre lo que nos procura felicidad. Por tanto, podemos liberarnos del sufrimiento dejando de aferrarnos, soltando nuestras ideas acerca de cómo deberían ser las cosas, es decir, soltando nuestros deseos, temores y aversiones.

En época más reciente, maestros contemporáneos como Rupert Spira, Francis Lucille, Eckhart Tolle y Ram Dass me han ayudado a clarificar mi pensamiento y mi enfoque. El lector familiarizado con alguna de estas tradiciones o enseñanzas probablemente detectará su influencia en las páginas que siguen. Pero, en la medida de lo posible, me he esforzado en escribir desde mi propia comprensión y experiencia. Mis explicaciones reflejan el sentido que le imprimo al tema, y las prácticas que sugiero son las que a mí me funcionan. Las ofrezco ahora con la esperanza de que ayuden al lector en su viaje hacia el despertar.

Un cambio de perspectiva

No podía dejarlo pasar y nada de lo que intentaba parecía funcionar.

Durante un par de días me había sentido molesto con mi compañera. Ella quería hacer las cosas a su manera, y yo a la mía. Era una de esas peleas que se producen de vez en cuando en cualquier relación. Me sentía justificado en mi postura y frustrado con mi compañera. Y ella, sin duda, sentía lo mismo por mi causa. No era un tema tan importante, pero sí lo suficiente como para que se palpase cierta tensión en el ambiente.

Intenté dejarlo correr, diciéndome que no importaba, que todo pasaría pronto. Traté de olvidarlo, o por lo menos de no volver a hablar del tema. Intenté cambiar mis sentimientos, pero no funcionó. En mi interior, seguía sintiéndome enfadado, lo cual agriaba nuestra relación.

Más tarde, estaba sentado en mi escritorio trabajando en un proyecto, pero seguía distraído por el asunto. Sabía que el problema radicaba en mi forma de ver las cosas, aunque seguía bloqueado. Entonces se me ocurrió preguntarme simplemente: «¿Existe otra manera de abordar esta situación?» No pretendía encontrar una respuesta, sino simplemente plantear la pregunta y ver qué sucedía.

Casi al instante, todo cambió. Vi a mi compañera como otro ser humano con su historia personal, sus propias necesidades y preferencias, haciendo lo mejor que sabía para navegar por la vida. La vi a través de los ojos de la compasión, en lugar de la queja y el juicio. Durante un par de días había estado sin amor, pero ahora el amor había retornado. Mi mandíbula se relajó, mi vientre se ablandó y me sentí a gusto de nuevo.

Todo parecía tan obvio. ¿Por qué no lo había visto antes? ¿Cómo me había aferrado tanto a mi engreído punto de vista?

Había querido que mi pareja cambiara, pero lo que realmente tenía que cambiar era mi mente. Y eso no ocurriría mientras me aferrase al hecho de sentirme ofendido. Tuve que hacer una pausa, dar un paso atrás y plantear la pregunta con una actitud de apertura y curiosidad: ¿Ees posible que haya otra forma de ver las cosas?, sin tratar de encontrar una respuesta y ni siquiera suponer que la hubiese. Mi conocimiento interior pudo entonces brillar y revelar otra manera más útil de abordar la situación.

Solo entonces, a la luz de esta nueva perspectiva, mi mente fue capaz de liberarse, una liberación que se produjo de manera espontánea y sin ningún esfuerzo por mi parte.

Soltar no es sencillo

Si soltar es algo tan valioso, ¿por qué no lo llevamos a cabo?

La respuesta, como todos sabemos por propia experiencia, es que soltar no es tan sencillo como parece.

Tras la muerte de una mascota muy querida, por ejemplo, nuestros amigos pueden percibir nuestra angustia y decirnos algo así como: «Solo tienes que dejarlo ir». Y algo similar ocurre tras una devastadora ruptura de pareja, cuando los demás pueden aconsejarnos: «Solo tienes que seguir adelante». Y aunque en cierto modo estas sugerencias sean correctas, no son demasiado útiles porque en esas condiciones «sencillamente soltar» es muy muy difícil. Con independencia de nuestras mejores intenciones, el recuerdo de una pérdida tan dolorosa nos sigue golpeando hasta la médula.

La dificultad proviene de abordar el hecho de soltar como si se tratase de algo que debemos hacer. Sin embargo, por más que lo intentemos, no podemos «hacer» el soltar. Para soltar, tenemos que dejar de «hacer» aquello a lo que nos aferramos, y eso exige un enfoque muy distinto.

Imaginemos que sostenemos una piedra. Sostenerla exige un esfuerzo que mantiene tensos los músculos de la mano.

Para soltarla, relajamos los músculos y dejamos de agarrarla. Dejamos de sujetar y soltamos.

Lo mismo ocurre con la mente. En este caso, el aferramiento que tenemos que soltar es de naturaleza mental: nos aferramos a determinadas actitudes, creencias, expectativas o juicios. Tenemos que permitir que nuestra mente se relaje y que, literalmente, se «suelte».

En consecuencia, debemos abordar el soltar no como algo que hacer, sino como un *des-hacer* el aferramiento. No se trata de intentarlo de alguna manera, sino de desarrollar las condiciones internas que contribuyan a que se relaje la mente, permitiendo que el soltar suceda.

Aunque esto nos parezca poco convencional –y sin duda implica un enfoque muy diferente del frustrante intento de soltar al que fácilmente recurrimos–, he descubierto que es un camino muy eficaz. En las siguientes páginas explicaré cómo funciona y presentaré varios enfoques para soltar que me han resultado útiles. Todos ellos se basan en replantear el soltar como un «dejar entrar» y un «dejar ser».

Dejar entrar

El primer paso para soltar es *dejar entrar*. Al principio, esto puede parecernos contradictorio, puesto que suponemos que para soltar algo debemos deshacernos y alejarnos de ello. Si queremos superar una ofensa, intentamos no pensar en lo que nos ha hecho la otra persona y en lo horrible que ha sido. Si queremos dejar atrás el apego al dinero, tratamos de dejar de preocuparnos por nuestras finanzas, relegando esa preocupación al fondo de nuestra mente. Sin embargo, la idea principal de este libro es que debemos hacer lo contrario. Para soltar el aferramiento que nuestra mente mantiene respecto de alguna actitud o idea, primero tenemos que permitir ser la experiencia del aferramiento. Si no somos conscientes en primer lugar de que estamos agarrando una piedra, por ejemplo, no podremos relajar nuestro aferramiento.

Dejar entrar una experiencia significa permitir que acceda más plenamente a la conciencia, sintiendo curiosidad por lo que ocurre. Tomemos como ejemplo una molestia o tensión corporal. Tal vez seamos conscientes de la incomodidad en alguna zona de nuestro cuerpo. Si no es así, sentimos curiosidad por averiguar si hay algo que no percibimos. Quizá entonces se nos revele alguna sensación que, probablemente, se hallaba en el límite de nuestra conciencia. Sin embargo, como la atención estaba centrada en la lectura del libro o en alguna otra experiencia, no la percibíamos. La curiosidad honesta nos abre a la posibilidad de que podamos haber pasado algo por alto, dándole la oportunidad de acceder a nuestra conciencia.

Cuando advirtamos un malestar físico en alguna zona, lo dejamos acceder a nuestra conciencia, sintiendo curiosidad por lo que sentimos. Puede manifestarse en forma de tensión, dolor muscular o presión en alguna zona del cuerpo. ¿Hasta dónde se extiende? ¿Está localizada o es algo más difusa? En lugar de intentar cambiar algo, la clave reside en abrir la conciencia a lo que es.

Podemos aplicar el mismo principio a experiencias más dolorosas que, de entrada, nos resultan mucho más incómodas de aceptar. Tendemos a apartar nuestra atención del dolor, distrayéndonos con alguna tarea, adormeciéndonos o recurriendo a analgésicos para deshacernos del dolor (o por lo menos para atenuarlo). Tememos que, si dejamos entrar el dolor, aumentará nuestro sufrimiento. Y eso es lo último que queremos.

Sin embargo, el dolor exige todo lo contrario. El dolor ha evolucionado para alertar al organismo de daños o disfunciones corporales. Está destinado a ser desagradable, puesto que es una llamada de atención, una campana de alarma del cuerpo: «¡Eh! Hay algo que no funciona bien. Atención, por favor». En lugar de ignorar el dolor, resistirnos a él o intentar que desaparezca, le prestamos la atención que demanda.

Si secundamos esta llamada y nos abrimos al dolor, arriesgándonos a dejarnos llevar por lo que sentimos, es posible que, al principio, tal como temíamos, nos parezca más intenso. Pero, a medida que lo exploremos con mayor profundidad, interesándonos por lo que hay realmente, descubriremos que lo que habíamos etiquetado como dolor o molestia se convierte ahora en algo más específico, tal vez una punzada en una determinada zona o una opresión en otra parte, quizá se trate de una presión, un escozor, un pinchazo o cualquier otra sensación.

Y dejar ser

Una vez que dejamos entrar la sensación, la segunda parte de soltar consiste en *dejar ser*. No intentamos cambiar las sensaciones que aparecen ni deseamos que no estén presentes, sino que las aceptamos tal como son, permitiendo que la atención permanezca con ellas de forma inocente y curiosa, casi como si las experimentásemos por vez primera. Pensemos en ello como si nos hiciésemos amigos de las sensaciones para llegar a conocerlas mejor.

A medida que lo hagamos, tal vez advirtamos que no nos sentimos tan mal como pensábamos, resultándonos un poco más fácil permanecer con la sensación. Como se suele decir, el dolor es inevitable, pero el sufrimiento es opcional.

El dolor es la sensación física. El sufrimiento, en cambio, proviene de nuestra aversión al dolor, de nuestro deseo de que deje de estar presente. Es una capa añadida de malestar que es consecuencia de no aceptar lo que es, de aferrarnos a nuestra idea de cómo deberían ser las cosas. Pero, en el momento presente, si hay dolor, es real y está aquí. Resistirse a él no ayuda, sino que solo contribuye a incrementar el malestar. Sin embargo, al aceptarlo tal como es, permitiendo que las sensaciones sean lo que son, podemos descubrir que el sufrimiento no es tan intenso.

Cuando permitamos entrar a la experiencia y la dejemos ser, advertiremos que empieza a cambiar, a veces de forma inesperada y sin ningún esfuerzo por nuestra parte. Una sensación aguda puede suavizarse. El dolor quizá se hace más fuerte para luego desaparecer. El entumecimiento deja paso a otras sensaciones. La tensión muscular comienza a relajarse por sí sola.

El cuerpo sabe qué músculos están tensos y cómo se alimenta esa tensión, conociendo lo que hay que liberar. Pero la mayor parte de esta información nunca llega a la mente consciente, de manera que no sabemos con exactitud lo que hay que liberar ni cómo hacerlo. Sin embargo, si cobramos conciencia de la tensión y la experimentamos tal como la sentimos sin tratar de rechazarla, abriremos la puerta a que resplandezca la sabiduría innata del cuerpo.

En ocasiones, cuando estoy sentado durante mucho tiempo, siento dolor en la zona inferior de uno de mis omóplatos. Reconozco que probablemente tiene que ver con mi postura, pero, a pesar de reajustar mi posición para aliviar el dolor, este persiste. Mi mente consciente es incapaz de resolver la situación.

Pero si me abro más plenamente a ese dolor –dejándolo entrar y permitiéndole ser–, a menudo la sabiduría natural del cuerpo me muestra lo que debe ocurrir. Varios músculos que no sabía que estaban tensos empiezan a relajarse, la zona se ablanda y mi cuerpo se reajusta. Sin que yo haga nada por mi parte, el dolor desaparece y vuelvo a sentirme cómodo. Una vez que se desentiende mi mente consciente, el cuerpo lleva a cabo la relajación en mi lugar.

Durante la década de los setenta, Werner Erhard enseñaba un proceso similar en el Erhard Seminar Training, un programa pionero del movimiento del potencial humano. Le pedía a la gente que describiera el dolor en términos de forma, tamaño, color y textura y que lo calificaran en una escala de 1 a 10. A continuación, les decía que repitieran el proceso, puntuando lo que sentían en ese momento. A medida que repetían el proceso, la intensidad del dolor tendía a disminuir, y muchas veces desaparecía por completo. Al utilizar estas metáforas sensoriales, las personas se abrían más a las sensaciones dolorosas, es decir, las dejaban entrar y las dejaban ser.

En otras situaciones, cuando el dolor tiene una causa más profunda y permanente, es muy posible que no desaparezca, si bien nuestra relación con él puede cambiar y hacerlo más soportable. Una mujer me comentó que tenía un intenso dolor, causado por espolones óseos en la columna vertebral. Padeció un dolor continuo durante años antes de descubrir la práctica de la meditación, que le permitió relajarse en torno al dolor y abrirse a él. Según comentaba, esta apertura le proporcionaba un alivio muy bienvenido de sus efectos debilitadores. El dolor no había cambiado, pero sí su relación con él, y de manera espectacular.

No quiero decir con ello que siempre debamos adoptar este enfoque. Habrá momentos en los que la respuesta adecuada al dolor sea apartar nuestra atención de él, y en ocasiones lo que necesitaremos será tomar un analgésico. También ocurre que tenemos que buscar la causa del dolor y hacer lo que sea necesario para remediarlo.

Incluso he descubierto que el principio de dejar entrar y dejar ser es útil en situaciones en las que no hay un malestar

evidente y pocas razones para sospechar que nos estamos afe-
rrando. Hubo una época en la que exploraba formas de relajar-
me más plenamente antes de conciliar el sueño por la noche.
Tumbado en la cama, podía no sentir ninguna tensión evidente;
de hecho, mi cuerpo parecía bastante relajado. Adoptando el
principio de la curiosidad consciente, me preguntaba si tal vez
seguía aferrándome a algo. Simplemente me planteaba la pregunta, de forma abierta, como hice en el ejemplo anterior del
malestar con mi pareja: ¿Había alguna tensión de la que no era
consciente? ¿Mi cuerpo quería mostrarme algo? No buscaba
nada, sino que me limitaba a permanecer abierto a esa posibilidad, esperando a ver si algo se me revelaba.

Al cabo de un rato, solía advertir que poco a poco una determinada zona empezaba a ablandarse. Cuando permanecía
con las sensaciones y permitía que continuase ese reblandeci-
miento, constataba que los músculos que creía que ya estaban
relajados se distendían aún más. Entonces mi cuerpo reajustaba
de manera espontánea su postura en respuesta al aumento de
la relajación. Seguían otros grupos musculares, mientras todo
mi cuerpo se hundía en una relajación cada vez más profunda.

Y, antes de darme cuenta, me quedaba dormido.

¿Qué es lo que queremos?

Antes de profundizar en las diferentes formas de soltar, exploremos primero qué hay detrás de nuestro aferramiento. ¿Por qué nos apegamos a nuestras creencias y teorías, a nuestros juicios y agravios, a nuestros sentimientos y nuestras historias? ¿Por qué nos apegamos tanto a nuestras posesiones, a la imagen que tenemos de nosotros mismos y a lo que creemos que nos hará felices?

Para responder a estas cuestiones, antes deberíamos preguntarnos: ¿Qué es lo que queremos?

Si preguntamos a una persona de la calle qué es lo que quiere, es posible que obtengamos respuestas como un trabajo mejor remunerado, un cuerpo más sano, una relación estable, una casa más espaciosa, unas buenas vacaciones, reconectar con un viejo amigo o cumplir un capricho especial. Si indagamos más y preguntamos por qué quiere esas cosas, escucharemos respuestas como sentirse amado y apreciado, experimentar más seguridad, sentir que forma parte de una comunidad, sentirse más estimulado, etcétera.

Pero ¿por qué queremos esas cosas? ¿Cuál es la motivación subyacente? Una vez más, las respuestas son muy variables:

placer, felicidad, satisfacción, paz mental, disfrute, plenitud, comodidad. ¿Apreciamos en dichas respuestas un tema común? Sí, todas ellas apuntan a alcanzar un mejor estado de ánimo.

Este es el impulso fundamental que subyace a nuestras necesidades. Buscamos seguridad porque nos hace sentir mejor. Queremos comodidades físicas para relajarnos y sentirnos más cómodos. Nos gusta tener estimulación mental y alimento emocional. Somos más felices cuando tenemos una imagen positiva de nosotros mismos y nos sentimos queridos por los demás. Es bueno amar y ser amado.

La gratificación no tiene por qué ser inmediata. A la mayoría de nosotros no nos gusta ir al dentista, pero vamos con la esperanza de evitar el dolor posterior. También renunciamos a algún beneficio personal y ayudamos a las personas necesitadas porque nos hace sentir mejor. Incluso el masoquista que se causa dolor a sí mismo lo hace porque obtiene alguna satisfacción a cambio.

Este es nuestro verdadero objetivo: un mejor estado de ánimo.

Cuando escuchamos la expresión *balance final*, solemos pensar en el dinero: ¿Cuánto beneficio derivamos de ello? ¿Cuánto cuesta? Pero el dinero no es nuestro principal punto de referencia, sino sencillamente el medio para comprar objetos, oportunidades, experiencias o cualquier otra cosa que consideremos que nos hará felices. El criterio fundamental, consciente o inconsciente, que subyace a nuestras decisiones es: ¿Me sentiré mejor gracias a ello? ¿Seré más feliz, estaré más contento, estaré más a gusto?

Creemos que perseguimos objetivos externos, pero de hecho los buscamos con la esperanza de que, de un modo u otro, nos sintamos internamente mejor.

Como señalaba en cierta ocasión el Dalai Lama: «La esperanza de toda persona es, en última instancia, la paz mental».

Volver a la mente natural

Quizá nos parezca hedonista afirmar que todos buscamos la felicidad. Pero es completamente natural: es egocentrismo al servicio de nuestra supervivencia biológica.

Cuando no hay amenazas inminentes para nuestro bienestar, cuando nuestras necesidades están cubiertas y no tenemos nada de qué preocuparnos, nos sentimos relajados y tranquilos. Esta es la mente en su estado natural imperturbable, no empañado por quejas, deseos o preocupaciones. Eso es lo que denomino *mente natural*.

Por natural no quiero decir «normal» porque este es un término que se refiere a la norma o la media. Un estado mental normal es lo que casi toda la gente experimenta la mayor parte del tiempo, algo que, para la inmensa mayoría, no es un estado relajado *ni* tranquilo. Hablo de la mente antes de que se vea mancillada por deseos y temores, del modo en que nos sentimos cuando no estamos amenazados ni preocupados. En definitiva, cuando todo parece estar bien en nuestro mundo, nos sentimos internamente mejor.

Cuando, por el contrario, aparece alguna carencia o amenaza, la satisfacción de la mente natural se ve sustituida por sentimientos de insatisfacción. Las sensaciones asociadas al frío o al hambre, por ejemplo, no son para nada agradables: de hecho, si tenemos mucho frío o hambre, la experiencia es dolorosa. Y así debe ser. Sentirse a gusto en una situación peligrosa supondría una amenaza para nuestra supervivencia.

El malestar, el dolor y el sufrimiento son experiencias intrínsecamente desagradables. Son una llamada de atención que nos indica que tenemos que ocuparnos de algo. Por eso, si tenemos frío, nos calentamos acercándonos al fuego, y si estamos hambrientos, comemos algo. Una vez satisfecha la necesidad o evitado el peligro, la mente retorna a su estado natural de satisfacción y todo vuelve a la normalidad.

Es de esperar que exista una alternancia natural entre estas dos modalidades de funcionamiento: la conciencia abierta y relajada de la mente natural, por un lado, intercalada con periodos de descontento derivados de alguna necesidad o amenaza inminente, por el otro; lo ideal sería pasar la mayor parte del tiempo en un estado de satisfacción.

Otros animales lo consiguen sin dificultades. Un perro que no tenga nada que hacer se sentará y observará pasar el mundo, aguzando los oídos ante un sonido de posible interés. Luego, si todo está bien, se relajará de nuevo. Sin embargo, los seres humanos somos diferentes. Nos distinguimos de casi todas las demás criaturas por pasar la mayor parte de nuestro tiempo sumidos en la insatisfacción.

¿A qué se debe esto? ¿Por qué rara vez nos sentimos satisfechos? Uno pensaría que los humanos –con nuestro conocimiento del mundo y las múltiples tecnologías que hemos inventado para modificarlo– habríamos atendido nuestras necesidades y desterrado la mayoría de las amenazas potenciales, razón por la cual deberíamos sentirnos más satisfechos que nuestras mascotas. ¿En qué nos hemos equivocado?

Una especie innovadora

La capacidad exclusiva de los seres humanos para crear un mundo mejor se debe a tres grandes avances evolutivos.

En unos cuantos millones de años –un mero parpadeo en el tiempo de la evolución–, el cerebro de nuestros antepasados triplicó su tamaño. Las áreas responsables de la planificación, la toma de decisiones y la conciencia social crecieron rápidamente, junto con las áreas relacionadas con la cognición y el procesamiento del lenguaje.

Los músculos faciales y la laringe también cambiaron, permitiendo a nuestros antepasados emitir los complejos sonidos indispensables para el lenguaje. Todos los animales aprenden de la experiencia, pero con el lenguaje, los humanos pasaron a aprender no solo de sus propias experiencias, sino también de las de los demás. Podían contarse unos a otros lo que habían visto, oído o descubierto y construir de ese modo un cuerpo colectivo de conocimientos, mucho mayor que el que resulta accesible a un solo individuo.

La capacidad del lenguaje no solo supuso que las personas se comunicasen entre sí, sino también que hablasen consigo mismas, en el interior de su propia mente, lo cual es la esencia de lo que por lo general denominamos *pensamiento*. El pensamiento les permitía identificar patrones en su experiencia, formar conceptos y establecer generalizaciones. Podían aplicar la razón, comprender el mundo, decidir cursos alternativos de acción y elaborar planes.

No obstante, para que todo eso pudiera llevarse a la práctica, tenían que ser capaces de convertir los planes en acción. Y aquí es donde entra en juego otra característica exclusiva de los seres humanos: la mano o, para ser más precisos, el pulgar oponible, que transformó la mano en un órgano elegante y versátil con el que manipular el mundo.

Si combinamos este poder de cambiar las cosas con un creciente conjunto de conocimientos y la facultad de pensar, razonar y tomar decisiones, tenemos una criatura capaz de moldear la arcilla de la Madre Tierra en una diversidad de formas novedosas.

Aprendimos a afilar las piedras, lo que nos proporcionó hachas, cuchillos y puntas de lanza. Construimos refugios y confeccionamos ropa. También domesticamos el fuego, lo que nos ayudó a calentarnos, a cocinar alimentos y, más tarde, a fundir metales. Desarrollamos la agricultura, sembramos semillas y regamos la tierra. Inventamos la rueda, creamos nuevos medios de transporte, encontramos fuentes alternativas de energía y creamos nuevos materiales. Y creamos herramientas cada vez más sofisticadas con las que llevar a cabo todas estas actividades. De ese modo, fuimos ampliando el poder inherente a la mano humana hasta convertirlo en un conjunto de tecnologías capaces de cambiar el mundo en formas que habrían sido inimaginables para nuestros antepasados.

El pulgar oponible tuvo otra consecuencia crucial: hizo posible la escritura y nos permitió registrar la riqueza de conocimientos que íbamos adquiriendo. Y no nos detuvimos en la escritura, sino que seguimos avanzando hasta inventar la imprenta, luego el teléfono, la radio, la televisión, los ordenadores e internet.

Pero, detrás de estos avances, había un tema recurrente: queríamos vivir más tiempo y con mayor salud; tratábamos de reducir el dolor y el sufrimiento; queríamos crear un mundo en el que sentirnos seguros y protegidos. Deseábamos sentirnos más tranquilos, satisfechos y felices. Tal vez no éramos conscientes de ello, pero lo que buscábamos no eran sino formas de retornar a la mente natural.

Y, sin embargo, a pesar de todos nuestros progresos, las cosas no han funcionado tan bien como hubiésemos deseado. ¿Son los habitantes del mundo desarrollado más felices que los indios yanomamis de la selva brasileña o los sentineleses de las islas Andamán, dos culturas que hasta hace muy poco no estaban contaminadas por el mundo moderno?

¿Somos más felices hoy que hace cincuenta años? Un estudio realizado en el año 1955 reveló que un tercio de la población adulta de Estados Unidos se sentía contenta con su vida. El mismo estudio, repetido treinta y cinco años después, ponía de manifiesto que el número de personas satisfechas con su vida no había variado, a pesar de que la productividad y el consumo per cápita se habían duplicado a lo largo de ese periodo.

Entonces, ¿por qué, a pesar de nuestro evidente progreso, seguimos sin ser felices? La respuesta radica en otro factor esencial para nuestra creatividad: la imaginación.

Realidades imaginadas

La palabra *imaginación* significa, literalmente, la capacidad para «crear imágenes» mentales, lo cual incluye no solo objetos visuales, sino también otras modalidades sensoriales: sonidos, olores, sabores, texturas y sentimientos. Nuestros pensamientos también aparecen en la mente, por lo general como una voz en el interior de nuestra cabeza, en forma de conversaciones que mantenemos con nosotros mismos.

Los pensamientos desencadenan imágenes mentales. Podemos tener, por ejemplo, la idea de una puesta de sol, y seguidamente contemplar una imagen mental de la misma. Es posible pensar en las primeras líneas de la *Quinta sinfonía* de Beethoven, en el estribillo de «All You Need Is Love» o en alguna otra pieza musical conocida y escucharla en nuestra mente. Podemos pensar en una ciudad extranjera e imaginar cómo sería caminar por sus calles. Incluso podemos imaginar algo imposible (o muy improbable) como un elefante rosa o una ballena jorobada en el desierto hablando japonés. Pensar amplió nuestra relación con el tiempo. Podemos pensar en un momento anterior (en lo que hicimos el fin de semana pasado, por ejemplo) y desencadenar una serie de recuerdos. También revivimos en nuestra imaginación la historia de nuestra propia vida, aprendiendo de ella, a veces alegrándonos y otras lamentándonos. Y podemos retroceder aún más, más allá de nuestra memoria e imaginar las personas y acontecimientos que nos precedieron; podemos retroceder en el tiempo hasta generaciones anteriores, hasta nuestros antepasados y hasta lo que les precedió a ellos. Podemos imaginar cómo empezó la vida misma e incluso el universo.

También tenemos la capacidad de pensar en el futuro, imaginando qué cenaremos, a dónde iremos mañana o durante nuestras próximas vacaciones. Podemos especular sobre lo que ocurrirá, planificar con antelación y tomar decisiones acerca de situaciones que quizá no se produzcan en muchos años. Y podemos imaginar cómo será el mundo mucho después de que hayamos muerto.

La imaginación añade una nueva dimensión a la realidad. Nuestra realidad primaria es la experiencia sensorial inmediata: lo que vemos, oímos, saboreamos, olemos, tocamos y sentimos en el momento presente. Sin embargo, el mundo de la imaginación –pensamientos, recuerdos y posibles futuros– existe en una realidad secundaria paralela.

De entrada, llamar a la imaginación *realidad* parece extraño. Tendemos a pensar que la realidad es el mundo físico, mientras que lo que sucede en la mente no lo es. Hay algo de verdad en esto en la medida en que la realidad objetiva de nuestros sentidos es algo que todos podemos observar y en lo que coincidimos. La imaginación tiene un carácter subjetivo y privado y, en ese sentido, no forma parte del mundo real que presenciamos «ahí afuera». En cambio, nuestra experiencia subjetiva es muy real para nosotros. Los sueños que tenemos por la noche son reales en ese momento. Quizá sean creados a partir de la memoria y no de la experiencia sensorial presente y estén influidos por necesidades y motivaciones inconscientes, pero son lo suficientemente reales como para hacernos sentir miedo o excitación, elevar nuestro ritmo cardiaco o provocar sudoración. Los recuerdos de nuestra infancia o las imágenes de nuestras próximas vacaciones son experiencias reales, como también lo son nuestros pensamientos. Es posible que solo existan en nuestra mente, pero ahí son muy reales.

Ambas realidades –nuestra experiencia del presente y el mundo de nuestra imaginación– coexisten la mayor parte del tiempo. Podemos ver un capullo en un arbusto y, en nuestra mente, recordar su nombre e imaginar cómo será la flor cuando se abra. Asimismo, conduciendo por una calle, vemos el tráfico y empezamos a visualizar rutas alternativas.

Ser capaz de vivir en ambas realidades es un factor intrínseco al ser humano y, lo que es más importante, desempeña un papel crucial en la creatividad y la innovación. Todo lo que hemos creado, desde la rueda hasta internet, comenzó en la imaginación de alguien.

La innovación –literalmente «traer lo nuevo»– comienza en forma de intuiciones, ideas o imágenes mentales. En nuestra imaginación evaluamos la situación, jugamos con diferentes escenarios, elegimos alternativas, planificamos los pasos a dar, etcétera Y posteriormente, cuando ya hemos decidido una línea de acción, traemos lo nuevo al mundo.

Pero la imaginación también tiene un coste. Tal vez sea tan absorbente que eclipse nuestra experiencia del momento presente. Puede empezar como una pequeña burbuja de pensamiento. Quizá nos preguntemos qué tiempo hará mañana y entonces recordamos que están previstas lluvias. Empezamos a pensar en el lugar al que tenemos que ir y en cómo estaremos en dicho lugar. ¿Qué debemos llevar? ¿Cómo nos sentiremos? ¿Tenemos que cambiar nuestros planes? En poco tiempo, esta burbuja de pensamientos, inicialmente inocua, se ha convertido en una realidad alternativa en toda regla. Nuestra atención se absorbe en el mundo del mañana y el momento presente pasa a un segundo plano.

Nos hallamos, literalmente, perdidos en nuestros pensamientos. Al dejarnos arrastrar por mundos imaginados, perdemos la conciencia de nuestro ser aquí y ahora.

Para empeorar las cosas, las realidades imaginadas suelen desencadenar emociones innecesarias e inoportunas. Nos volvemos temerosos ante posibles desgracias. Nos preocupamos por si tomaremos la decisión correcta, o bien nos obsesionamos con situaciones sobre las que no tenemos ninguna influencia directa.

Como señalaba Mark Twain: «Soy un hombre viejo y he conocido muchos problemas, pero la mayoría de ellos nunca sucedieron».

Deconstruir la emoción

El término *emoción* se deriva del latín *emovere*, que significa «moverse», utilizándose originalmente en el sentido de una agitación o excitación mental. Al igual que el duelo, la frustración, la tristeza, la excitación y el deseo, la ira es, sin duda, una agitación mental. Estas emociones perturban la mente y nos sacan de nuestro estado de tranquilidad natural.

Hay un segundo sentido en el que las emociones denotan «movimiento». La mayoría de ellas aparecen como una llamada a la acción. Ya sea que se trate de la inclinación a luchar que emerge con la ira, del retraimiento que aparece con el miedo o del estímulo de unión debido a la atracción sexual, la emoción es un impulso que nos induce a actuar, a movernos de alguna manera. Incluso podemos considerar una forma de acción la tendencia a retraerse que acompaña a la depresión, la tristeza o la vergüenza.

Con el impulso de moverse, el cerebro envía señales a los músculos pertinentes, disponiéndolos para la acción. Cuando sentimos ira, apretamos los puños y quizá también los dientes, mientras que el miedo nos lleva a experimentar una sensación de temblor en el cuerpo, al tiempo que nos disponemos a huir.

La vergüenza provoca en nosotros el impulso de retraernos y escondernos.

Pero, dado que somos animales sociales, rara vez llevamos a cabo estos impulsos. A diferencia de un perro, que arremete contra alguien si se siente amenazado o persigue a un gato en cuanto lo ve, nosotros solemos controlarnos. Obviamente, esto es algo bueno desde el punto de vista social. De lo contrario, todos nos pelearíamos, huiríamos o haríamos el amor en cualquier circunstancia.

Sin embargo, este tipo de contención también va en nuestro detrimento. Si no se sigue el impulso de actuar, el cuerpo permanece en un estado de predisposición mucho tiempo después de que haya pasado el estímulo, dejando un residuo de tensión. Y si se desencadena una nueva reacción emocional antes de que la primera haya desaparecido, la tensión se acumula, provocando una sensación general de nerviosismo.

Además de las sensaciones físicas del cuerpo que se dispone a actuar, también emergen otras sensaciones más sutiles. Y las denomino más sutiles porque tal vez no tengan una contrapartida en el cuerpo físico (o muy poco rastro de ella), por más que sintamos que están presentes. Por ejemplo, puedo decir que siento pesadez en el corazón. Quizá, en realidad, no ocurra nada en esa zona –no hay ningún peso físico que empuje hacia abajo–, pero la sensación sigue estando presente. El miedo provoca la sensación de querer retroceder. Con el deseo, aparece la sensación de inclinarse hacia delante y extender la mano. Y, con la tristeza, tal vez nos sintamos vacíos. Estas sensaciones tienen muchas cualidades de una impresión corporal real, pero en un nivel más sutil.

Todas las emociones implican sensaciones corporales de algún tipo, ya sean físicas o de carácter más sutil. En consecuencia, no es casual que utilicemos la palabra *sensación* para designar tanto las sensaciones corporales como las emociones.

Sin embargo, las emociones son algo más que sensaciones, puesto que casi siempre van acompañadas por alguna historia. Y, cuando digo historia, me refiero a algo que nos contamos acerca de lo que ha sucedido o podría suceder. Si nos sentimos enfadados con otra persona, es muy posible que también nos contemos una historia acerca de cómo ha arruinado nuestros planes o se ha interpuesto en nuestro camino.

Lo mismo ocurre con el miedo. Es muy posible que nos digamos a nosotros mismos que si no negociamos la política de nuestra oficina con más habilidad, no tardaremos en perder nuestro trabajo. Y, a reglón seguido, imaginamos que dejamos de pagar las facturas, que perdemos la casa, que terminamos en la calle, etcétera.

Pero la historia no tiene por qué ser negativa. Si nos sentimos atraídos de manera romántica por alguien, nos decimos lo perfecta que es esa persona: guapa, inteligente y divertida, satisfaciendo nuestras expectativas y haciendo que todo nos parezca de color de rosa.

Rara vez hay una emoción que no tenga una historia detrás. Intentemos sentirnos enfadados, tristes, celosos, avergonzados, emocionados, asombrados o de cualquier otra manera sin pensar en el pasado o en el futuro, es decir, sin contarnos una historia.

Es imposible. Sin la historia, la emoción no existe.

La emoción tiene un pie en la realidad primaria de nuestra experiencia presente –la sensación física o sutil– y otro pie en la realidad secundaria de nuestra imaginación, es decir, en la historia que nos contamos. Ambas se entrelazan para constituir la experiencia peculiar que denominamos emoción. Es como un ovillo compuesto por hilos rojos y blancos. Desde la distancia, el ovillo nos parece rosa, pero al examinarlo más de cerca vemos que está formado por hebras de dos colores distintos.

Estos dos aspectos de la emoción –la sensación sentida y la historia mental– se retroalimentan mutuamente, haciendo que sea más intensa y manteniéndola mucho más tiempo del necesario. Supongamos, por ejemplo, que tenemos pensamientos de enfado hacia alguien que consideramos que se ha interpuesto en nuestro camino. El cerebro no distingue entre la experiencia procedente del mundo físico y la experiencia creada a partir de la imaginación, preparándose para el enfrentamiento, lo cual suscita las sensaciones corporales asociadas. Y dichas sensaciones refuerzan la historia que nos estamos contando. El hecho de insistir en dicha historia desencadena más sensaciones. Y así sucesivamente. Ambos factores se refuerzan mutuamente, perpetuando la emoción durante mucho tiempo después de que haya sido una respuesta adecuada.

Dado que las emociones tienden un puente entre nuestras realidades primarias y secundarias, poseen una atracción particular sobre nosotros, lo que hace que desprenderse de ellas constituya un auténtico reto. No podemos eludir la emoción. Si nos retiramos a la mente, la historia sigue ahí. Si tratamos de volver a nuestra experiencia presente, las sensaciones siguen ahí. Entonces, ¿cuál es la clave para soltar las emociones?

Soltar las sensaciones

Todos tenemos de vez en cuando emociones incómodas. Y, al igual que ocurre con el malestar físico, nuestra primera reacción es la de evitar sentirlas plenamente. ¿Por qué deberíamos sentir algo desagradable cuando lo que queremos es precisamente lo contrario?

De manera consciente o no, tememos que, si realmente entramos en contacto con nuestra ira, explotemos contra nuestro jefe o nuestra pareja, iniciando una cadena de eventos de los que luego nos arrepentiremos. Quizá evitemos sentir tristeza por miedo a estallar en sollozos en público. Tal vez no admitamos que nos sentimos deprimidos, preocupados por lo que los demás piensen de nosotros, o bien relegamos las sensaciones problemáticas a los bordes de la mente, donde no tienen tanta influencia, tomamos drogas para aletargarlas u ocultarlas, nos sumergimos en otras actividades para mantenerlas a raya o, como suele ocurrir, ni siquiera reconocemos que las tenemos.

Así pues, el primer paso para soltar las sensaciones es permitirles entrar.

Hace algunos años, una persona asistió accidentalmente a

mi grupo de meditación; buscaba otra clase, pero se equivocó de fecha. No obstante, decidió quedarse y, en el transcurso de la velada, me reveló lo abrumada que estaba por el dolor, ya que había perdido a un familiar cercano hacía unos meses. Por mucho que lo intentara, era incapaz de superarlo. Le sugerí que, en lugar de intentar deshacerse de la tristeza, se abriese a ella, advirtiendo las sensaciones corporales asociadas. En la siguiente meditación, cobró conciencia de diferentes sensaciones –pesadez en el pecho, una bola apretada en el vientre, lágrimas– y se permitió ser consciente de ellas tal como eran. Las dejó entrar y las permitió ser. Y, a medida que lo hizo, experimentó una creciente sensación de alivio. Al concluir la meditación, comentó que la carga se había disipado y que se sentía mucho más tranquila. Y también lo parecía.

En mi propia vida, he aplicado este principio cuando me he sentido decaído sin razón aparente. La sensación solía perdurar un par de días y luego desaparecía. Pero mientras estaba presente, descubría que me resistía a ella. Sentirme decaído me parecía una pérdida de tiempo. Lo que quería era librarme de ello, volver a la normalidad y seguir adelante.

En una de esas ocasiones, estaba en casa contemplando el bosque a través de la ventana y sintiéndome mal por no escribir. Por alguna razón –tal vez una intuición–, decidí dejar de resistirme a la experiencia y, en su lugar, sentir curiosidad por lo que experimentaba en realidad. A medida que exploraba las distintas sensaciones, advertí una lentitud general. Mi cabeza se sentía pesada, y mi mente, apagada. Al abrirme más a dichas sensaciones, me di cuenta de que lo que de verdad quería era simplemente no hacer nada.

Así pues, en lugar de intentar cambiar lo que sentía, decidí hacer exactamente lo que me apetecía. En este caso, lo que quería era seguir mirando por la ventana, sin hacer nada. Pero ahora me sentía bien con ello. Un par de horas después, volvía a ser el mismo de siempre. Había dejado de resistirme al malestar, le había permitido entrar, le había prestado la atención que requería y, al atender a su llamada, había permitido que se relajasen mis sensaciones.

A veces, no sabemos muy bien lo que sentimos, solo tenemos una sensación de malestar. En casos como estos, es útil hacer una pausa y escuchar al cuerpo, permitiendo que nos arribe cualquier sensación que esté ahí, ya sea física o de carácter más sutil. Y, al hacerlo, quizá descubramos que empiezan a revelarse emociones de las que antes no éramos conscientes.

Otras veces, estamos tan atrapados en una determinada reacción emocional que esta oculta lo que en realidad sentimos, lo cual resulta paradójico porque una emoción es en parte una sensación. La mejor manera de explicar lo que quiero decir es con un ejemplo.

En una reciente reunión, me frustraba que algunas personas se desviaran del tema y entraran en cuestiones personales que yo consideraba distracciones. Así pues, decidí expresar mis sentimientos. Mientras hablaba de mi frustración, advertí cierto temblor y un estremecimiento en mi pecho. Después me di cuenta de que lo que realmente sentía en ese momento era ansiedad por interrumpir al grupo. El sentimiento de frustración tenía la etiqueta de una emoción, de manera que creí que era eso lo que estaba sintiendo. Pero no era así, sino que se había convertido en otra historia del pasado. Estaba tan ocupado explicando lo que sentía que no era plenamente consciente de mi verdadero sentimiento en el momento presente, esto es, el nerviosismo provocado por hablar.

Soltar la historia

La otra cara de la liberación de las emociones es la liberación de la historia que hay detrás de ellas. De nuevo, el primer paso consiste en dejar entrar la historia y cobrar conciencia de lo que nos contamos a nosotros mismos, lo cual no siempre resulta tan sencillo como parece. A menudo asumimos que nuestra visión de los acontecimientos es la verdad y no una interpretación de los mismos.

Un buen punto de partida estriba en efectuar una pausa y explorar si lo que creemos que es la verdad lo es en realidad, abriéndonos a la posibilidad de que sea tan solo un conjunto de suposiciones que hemos efectuado. Comprobamos pues si podemos tomar distancia, cuestionar nuestras interpretaciones y abrirnos a considerar alternativas.

Si nos sentimos enfadados, por ejemplo, nos preguntamos: ¿Qué me estoy diciendo a mí mismo que hace que esta persona me parezca equivocada? ¿Cómo debería, en mi opinión, haberse comportado? ¿Cómo la juzgo por actuar de ese modo?

También resulta útil preguntarse si nos acusaríamos a nosotros mismos de lo mismo. ¿Cuántas veces, cuando alguien se enfada con nosotros, sentimos que su enfado es injustificado?

Si entendieran mejor el motivo por el que actuamos así, no estarían tan enfadados.

Así pues, intentamos ponernos en el lugar del otro y consideramos qué puede haberle inducido a comportarse como lo ha hecho. ¿Cómo nos ve la otra persona? ¿Tiene otras cosas en mente? ¿Qué elementos de su pasado la han llevado a actuar como lo ha hecho?

Cuanto más capaces seamos de tener en cuenta el punto de vista de la otra persona, mejor entenderemos su comportamiento. Si la comprendiésemos por completo, nos percataríamos de que, dada su situación y su experiencia previa, se comporta exactamente como «debe» hacerlo. Nuestra creencia de que no debería comportarse del modo en que lo ha hecho no es sino parte de nuestra historia.

Aferrarnos a nuestras historias solo sirve para generar más sufrimiento e insatisfacción. Hace poco estaba visitando a un vecino cuando llegó una amiga. Casi las primeras palabras que salieron de su boca fueron: «Todavía no puedo perdonarle por lo que hizo». Era obvio que seguía sintiéndose lastimada y molesta, aunque el suceso en cuestión hubiese ocurrido hacía seis meses. Se aferraba a una historia sobre lo que había sucedido, y esa historia seguía desencadenando sentimientos negativos, lo que no hacía más que reforzar su versión de los hechos. Mi vecino se limitó a decirle: «Oh, lo siento por ti –es decir, siento que aún no lo hayas superado–, porque eso no es nada agradable».

Cuando seguimos aferrándonos a una ofensa mucho tiempo después del suceso que la provocó, la única persona que sale perjudicada es uno mismo. Como se dice que señaló el Buddha, alimentar una ofensa se parece a tomar veneno y esperar que muera la otra persona.

Si nos descubrimos haciendo lo anterior, el primer paso para soltar esa situación consiste en ser conscientes del sufrimiento que estamos generando. Si agarramos una brasa, la soltaremos en cuanto sintamos que nos quema. Del mismo modo, si nos aferramos a un juicio o una queja, cuanto más conscientes seamos del precio que pagamos a cambio de aferrarnos a ello –dolor emocional, tensión, pensamientos perturbadores–, más motivados estaremos para profundizar, ver lo que ocurre en nuestro interior y averiguar el modo de soltarlo.

Las emociones a menudo tienen que ver más con el pasado que con el presente. El hecho de que un amigo no nos preste la atención que creemos merecer o que critique nuestro aspecto puede hacer referencia a experiencias dolorosas de épocas pretéritas y desencadenar reacciones desproporcionadas con respecto a las circunstancias actuales. Tal vez nos sentíamos ignorados cuando éramos pequeños o nuestros padres se preocupaban demasiado por nuestra apariencia pública. Nuestra reacción automática puede ser enfurecernos o reaccionar con nuestra propia crítica. También podemos hacer algo que aparentemente no tiene nada que ver, como insultar al perro o darnos un capricho con la comida.

Cuando advirtamos reacciones injustificadas como las anteriores, hagamos una pausa, respiremos y prestemos atención a lo que sentimos, que en esta fase no es tanto la historia como lo que ocurre en nuestro cuerpo. Observemos dónde estamos tensos, dónde sentimos cualquier malestar o incomodidad y cobremos conciencia del impulso a actuar. Si permitimos que estos sentimientos estén ahí tal como son, tal vez descubramos que empiezan a suavizarse y dejan de dominarnos.

Luego, cuando nos hayamos calmado un poco, examinemos la historia que nos estamos contando. Quizá haya algo de verdad en ella, pero ¿cuánto le hemos añadido de nuestra cosecha? ¿Algún acontecimiento de nuestro pasado nos ha inducido a reaccionar de esta manera? Tal vez haya cuestiones pendientes que necesitemos explorar para encontrar la resolución o la curación.

Es posible que exista algún trauma de la infancia detrás de nuestra reacción. Cuanto más entendamos lo que sucede, menos probable será que las viejas heridas se reactiven en el futuro.

Las emociones son impulsos que tratan de «exteriorizarse» de alguna manera y que buscan una forma de expresión. Así pues, cuando aparece una emoción intensa, como la ira o la rabia, puede ser útil exteriorizarla. Pero en lugar de desahogarnos con un semejante, podemos desahogarnos con una almohada o un saco de boxeo. Una opción menos violenta sería contar a otras personas lo que pensamos y sentimos, en un contexto seguro –quizá hablando con un buen amigo o un terapeuta–, permitiendo que los pensamientos y sentimientos salgan a la luz sin vergüenza alguna ni miedo a vernos juzgados.

Incluso entonces quizá nos guardemos algo por miedo a que los demás nos juzguen, o posiblemente porque deseamos mantener parte de nuestra vida en privado. En ese caso, escribirnos a nosotros mismos lo que sentimos es una buena forma de desahogar nuestras emociones. Simplemente escribimos lo que nos acuda a la mente (también palabrotas), sin ningún tipo de juicio al respecto, incluyéndolo todo. Después, si lo deseamos, podemos romperlo o incluso quemarlo. Lo importante es expresarlo a nosotros mismos.

No resistirse a la resistencia

Hay ocasiones en las que nos resistimos a experimentar nuestros propios sentimientos. Es posible que percibamos un malestar que se filtra bajo la superficie, pero que no sepamos exactamente de qué se trata o qué ocurriría si nos permitiésemos experimentarlo plenamente. ¿Cómo lo sentiremos? ¿Nos desbordará? ¿Seremos capaces de controlarnos una vez que abramos la puerta?

Cuando nos resistimos a un determinado sentimiento, hay dos factores a tener en cuenta: el sentimiento al que nos resistimos y la propia resistencia. En una situación como esa, tendemos a centrarnos en dejar ir el sentimiento: liberarnos de él es, al fin y al cabo, lo que queremos. Pero tal vez sea más útil prestar atención en primer lugar a la resistencia, que es lo que mantiene nuestras emociones bloqueadas, impidiéndonos experimentarlas completamente. Así pues, prestar atención a la sensación de resistencia es el punto de partida idóneo.

Como antes, soltar la resistencia significa en primer lugar dejarla entrar, reconocer cómo es. Dado que la experiencia de resistirse es muy sutil y no se advierte fácilmente, parece muy adecuado hacer una pausa y preguntar: ¿Hay alguna sensación de resistencia de la que no esté dándome cuenta? Y luego esperar tranquilamente.

Es posible que se manifiesten algunas sensaciones, como una leve tensión mental, una sensación de bloqueo o una opresión en el pecho o el vientre. A medida que permitimos que aumente la sensación de resistencia y la dejamos ser, sin intentar cambiarla o deshacernos de ella, la resistencia suele empezar a suavizarse hasta disolverse. A veces sencillamente se desvanece.

Entonces, con menos resistencia, podremos abrirnos más al sentimiento que estemos evitando.

La clave de este enfoque es incluir cualquier tipo de resistencia como parte del momento presente. Entonces, en lugar de dividir nuestra experiencia en dos –la experiencia real en el momento y nuestra resistencia a ella–, ahora la sensación de resistencia forma parte de lo que es.

La mentalidad materialista

La excepcional capacidad de innovación del ser humano es un arma de doble filo. Nuestra habilidad para aprender del pasado, imaginar nuevas posibilidades, tomar decisiones, planificar cambios e inventar herramientas y tecnologías para llevarlos a cabo ha transformado nuestro mundo. Observemos a nuestro alrededor: casi todo lo que vemos, aparte de otros seres vivos y la tierra en que habitamos, es producto de la creatividad y el ingenio humanos. Y detrás de todo ello se encuentran la motivación para reducir el dolor y el sufrimiento, el deseo de vivir más tiempo y con más salud, de incrementar nuestra comodidad y seguridad y, en definitiva, de sentirnos más en paz. (Es posible que lo anterior no siempre funcione, pero esa es otra historia).

Hemos tenido tanto éxito en cambiar el mundo que creemos que esa es la respuesta a todos nuestros problemas. Si no nos sentimos en paz, debemos *hacer* algo al respecto. Tenemos que reorganizar nuestro mundo, obtener algún objeto, tener alguna experiencia nueva o, por el contrario, evitar las circunstancias que nos causen angustia. Suponemos que, si consiguiésemos que nuestro mundo fuera como queremos, por fin seríamos felices. Esta es la mentalidad materialista que impera en nuestra sociedad y dirige la mayor parte de nuestra vida.

Durante nuestra infancia, aprendemos, a partir del ejemplo de nuestros mayores, que es importante tener el control de las cosas y que las posesiones materiales nos garantizarán seguridad. A medida que crecemos, buena parte de nuestra educación se centra en conocer los caminos del mundo para gestionar mejor nuestros asuntos y así encontrar satisfacción y plenitud. Cuando llegamos a la edad adulta, el bombardeo diario de televisión, radio, noticias, redes sociales y anuncios refuerza la creencia de que la felicidad proviene de lo que tenemos o hacemos.

Sin embargo, en algún lugar de nuestro interior, la mayoría de nosotros reconocemos que esto no siempre es cierto; que el hecho de que estemos o no satisfechos depende tanto del modo en que vemos las cosas como de la manera en que son en realidad. Todos conocemos a personas que permanecen alegres cuando las cosas parecen ir mal, que no se disgustan por tener que esperar en una cola, incluso bajo la lluvia. Y oímos hablar de ejemplos más inusuales: los que han mantenido la ecuanimidad interior a pesar de los estragos de la guerra o de grandes problemas de salud. No obstante, como nuestro condicionamiento cultural es tan poderoso, este conocimiento interior rara vez aflora a la superficie.

Seguimos atrapados en un círculo vicioso. Dado que asumimos que la satisfacción interior proviene de lo que tenemos o hacemos, ese es el mensaje que nos transmitimos unos a otros. Si vemos a alguien sufriendo, probablemente sugeriremos formas de cambiar las cosas, esperando que eso haga que la persona se sienta mejor. Cuando queremos convencer a alguien de que haga algo, le decimos que será mucho más feliz haciéndolo. Y, a corto plazo, nos parece que funciona. Cuando conseguimos lo que queremos, es posible que experimentemos cierto placer, satisfacción o contento. Pero la felicidad que encontramos de ese modo no es permanente. En cuanto desaparece el efecto, vamos en busca de una nueva dosis: comida, música, conducción, debates, deportes, televisión, compras o cualquier otra fuente de felicidad.

Cuando estas actividades no nos proporcionan una satisfacción duradera, no nos preguntamos si nuestro enfoque está equivocado. En cambio, nos esforzamos aún más para que el mundo nos suministre lo que deseamos. Compramos más ropa, asistimos a más fiestas, intentamos ganar más dinero o renunciamos a ello y probamos otras cosas. Nos dedicamos a una nueva afición o buscamos nuevos amigos.

Estamos inmersos en lo que la filosofía india denomina *samsara*, que significa «vagar sin fin». Vagamos sin cesar, buscando la plenitud en un mundo que solo nos proporciona un alivio temporal para el sufrimiento: placeres pasajeros seguidos de más intentos de alcanzar una meta siempre esquiva.

El resultado ostensible de todo ello es un estado semipermanente de descontento, en su mayor parte generado por nosotros mismos.

Crear descontento

Cuando todo parece marchar de la forma adecuada en nuestro mundo, nos sentimos internamente bien, tranquilos y satisfechos. La mente se encuentra en su estado natural y libre de preocupaciones. Y, por el contrario, si algo no funciona, sentimos descontento, un sentimiento que nos motiva a rectificar lo que va mal para así volver a sentirnos bien.

Si seguimos experimentando infelicidad, aunque no haya necesidades o amenazas inmediatas, lo más probable es que seamos nosotros mismos los que creemos la insatisfacción. Tal vez pensemos en algo del pasado de lo que no estamos contentos, que nos sintamos insatisfechos con nuestra experiencia actual, o es más probable que, dado que nuestro objetivo básico es la supervivencia, nos preocupemos por lo que nos sucederá o no en el futuro.

No nos damos cuenta de que seríamos más felices si no nos preocupásemos tanto. En cambio, pensamos que la causa de nuestra insatisfacción reside en el mundo que nos rodea y, por tanto, buscamos sentirnos mejor de la forma que nos resulta más conocida –la forma en que nuestra sociedad nos condiciona a responder–, es decir, *haciendo* algo al respecto.

La industria publicitaria en particular refuerza este enfoque, promoviendo la insatisfacción en el momento presente con promesas de mayor felicidad en el futuro. El mensaje subyacente de la publicidad –ya se trate de un teléfono inteligente, un coche nuevo, un paquete vacacional, comida *gourmet* o ropa de moda– es que nos falta algo. No podemos estar satisfechos tal como somos. Por eso, si compramos lo que nos venden, creemos que nos sentiremos mejor.

Y, a simple vista, parece que funciona; llevamos a cabo la compra correspondiente y, durante un tiempo, nos sentimos contentos, creyendo que el artículo que hemos adquirido nos hará más felices. Pero cuando examinamos el proceso más detenidamente, descubrimos que las cosas no son lo que parecen.

El descontento emerge porque imaginamos alguna carencia o necesidad insatisfecha y suponemos que no podremos ser felices hasta que consigamos lo que nos falta. Entonces, cuando obtenemos aquello que deseamos, desaparece ese descontento concreto y nos sentimos mejor. Sin embargo, no es la obtención de nuestro objeto de deseo lo que nos hace felices, sino que nos sentimos mejor porque ya no experimentamos el descontento que nos producía el hecho de no poseerlo.

Vemos esto fácilmente cuando compramos algo en internet. El momento en que empezamos a sentirnos bien con nuestra compra es el momento en que pulsamos el botón de comprar. Tal vez transcurran varios días hasta que recibamos lo que hemos adquirido y empecemos a disfrutar de sus beneficios, pero la insatisfacción termina cuando tomamos la decisión de comprar, porque ya no sentimos esa carencia particular, ya no generamos esa insatisfacción concreta.

Sin embargo, hay un aspecto en el que los anuncios tienen razón. Nos falta algo, si bien no se trata de un producto, una experiencia o una oportunidad. Nos falta la paz y la satisfacción de la mente natural. Y eso nos falta no porque no esté a nuestro alcance, sino porque ha sido sustituida por el descontento creado por nosotros mismos. La mente preocupada no puede, por definición, ser una mente en paz.

Esta es la triste verdad de los seres humanos: preocuparnos por si estaremos o no en paz en el futuro nos impide disfrutar dc la paz en el presente.

Algunas personas se pasan toda la vida de esa manera, sin darse nunca la oportunidad de sentirse en paz, hasta que, por fin, no pueden preocuparse más, y entonces escribimos en su lápida: «Descanse en paz».

Pero no tenemos que esperar a morir para descansar en paz. En cualquier momento, podemos elegir hacer una pausa en nuestro pensamiento, dejar de crear esa insatisfacción particular y volver a relajarnos en la paz de la mente natural.

La raíz del sufrimiento

El edificio donde dirigía un grupo de meditación estaba ubicado en la misma calle en la que había un parque de bomberos. Era inevitable que en algún momento de la reunión pasase un camión de bomberos, con las sirenas sonando. No es de extrañar que los asistentes se quejaran: «¿Cómo voy a meditar con este ruido?».

¿Cuántas veces hemos sentido algo parecido? Existe la suposición común de que la mente solo es capaz de aquietarse cuando el mundo que nos rodea permanece en silencio. Imaginamos que el entorno ideal para la meditación es un lugar alejado de la multitud: un retiro en lo profundo del bosque, una ermita tranquila o, tal vez, la tranquilidad de nuestra habitación. Es mucho más difícil que la mente se asiente en un entorno ruidoso.

¿O no es así?

Sugerí a los participantes que la próxima vez que pasara un camión de bomberos observasen en su interior y explorasen por qué les resultaba tan molesto. Durante la siguiente meditación, una mujer señaló que el ruido ya no le parecía un problema. Estaba ahí, pero no la molestaba. Se había dado cuenta de que la perturbación no provenía tanto del sonido en sí como de su deseo de que no estuviera presente.

Esta es la esencia de la comprensión que alcanzó el Buddha hace 2.500 años. Todos experimentamos lo que él denominaba *dukkha*, traducido generalmente como «sufrimiento». Pero, en pali, la lengua de la época del Buddha, *dukkha* es la negación de la palabra *sukha*, que significa «comodidad». Así pues, *dukkha* podría traducirse mejor como «incomodidad», «descontento» o «insatisfacción» (el término utilizado por algunos estudiosos budistas contemporáneos).

Interpretar el sufrimiento de forma general como descontento arroja una luz más amable sobre la noción de que «la vida es sufrimiento». El descontento es una experiencia conocida por todos nosotros. Y, al igual que el Buddha trató de liberarse del sufrimiento, a todos nos gustaría librarnos del descontento innecesario.

Los significados de las raíces de estas palabras nos aportan más información. *Sukha* proviene de *su* (bueno) y *kha* (agujero) y se refiere al agujero en el que se inserta el eje de la rueda de un carruaje. La rueda era un elemento tecnológico de la época, y el hecho de que el eje funcionase perfectamente era una preocupación primordial tanto para la eficiencia como para la comodidad. En cambio, la raíz de *dukkha* es *du* (malo) y *kha* (agujero). Cuando hay una resistencia que impide el buen funcionamiento de la rueda, se genera fricción y malestar.

Lo mismo ocurre con la mente. Cuando dejamos de lado la resistencia, «seguimos la corriente» y aceptamos las cosas tal como son, nos sentimos a gusto, lo cual es *sukha*, el estado mental natural, satisfecho y relajado. Por su parte, *dukkha*, el sufrimiento, aparece cuando nos resistimos a nuestra experiencia y nuestro estado natural de tranquilidad se ve sustituido por el descontento creado por nosotros mismos.

Así pues, tal como el Buddha y numerosos maestros han señalado, podemos volver a un estado mental más pacífico dejando de lado nuestro apego a cómo deberían ser las cosas y aceptando nuestra experiencia tal como es, sin desear algo distinto.

Al escuchar lo anterior, la gente suele preguntar: «¿Significa eso que debo aceptar la injusticia y la crueldad, a los indigentes que duermen en la calle o la actitud recalcitrante de mi pareja?». Por supuesto que no. Hay muchas situaciones que no debemos tolerar, y cada uno de nosotros, a su manera, está llamado a hacer lo que esté en su mano para mejorar el mundo.

«Aceptar nuestra experiencia tal como es» significa precisamente eso, aceptar nuestra experiencia tal como es en el presente. Si nos sentimos frustrados, enfadados o indignados, aceptamos esos sentimientos. No nos resistimos a ellos deseando que no estén ahí. Nuestra experiencia actual es tal como es. Resistirse es inútil.

Alejarse de la gracia

No nos alejamos de la gracia en algún momento del pasado, sino que lo hacemos todos los días, apartándonos repetidamente de la gracia del momento presente y cayendo en el mundo del tiempo.

La suposición común de que la felicidad se deriva de lo que tenemos o hacemos nos induce a un parloteo mental incesante que nos dice lo que ocurre, lo que debemos pensar y cómo tenemos que reaccionar. Miramos hacia el pasado. ¿Qué salió mal? ¿Qué podría haber hecho mejor? O podemos rememorar los buenos momentos que hemos vivido, preguntándonos de qué manera recuperaremos esa felicidad. Y también nos preocupamos por el futuro: ¿Será como creemos que debe ser para que seamos felices? ¿Qué necesitaremos para ello? ¿Cómo lo conseguiremos?

No estoy diciendo que el pensamiento no sea valioso. Tiene su momento y su lugar y ha sido un factor decisivo en la evolución de la humanidad, contribuyendo a convertirnos en lo que somos y permitiéndonos tomar decisiones sobre el futuro para crear un mundo mejor. Pero el pensamiento es tanto una bendición como una maldición, dado que nos aleja del momento presente y nos aparta de la gracia del ahora.

Y también oscurece la paz mental derivada del simple hecho de ser. Al no darnos cuenta de que somos nosotros mismos los que creamos buena parte de nuestro descontento, intentamos aliviarlo haciendo algo al respecto. Cambiamos de una tarea a otra, tachando elementos de nuestra interminable lista de cosas pendientes, pero rara vez nos detenemos, por ejemplo, a oler las rosas. Una vez más, nos alejamos de la gracia: pasamos de ser humanos a hacer cosas de humanos.

Si esto fuera tan solo una triste reflexión sobre la condición humana, ya sería suficiente tragedia. Sin embargo, nuestro afán por encontrar la felicidad a través de lo que tenemos o hacemos, amplificado por nuestros prodigiosos poderes tecnológicos, tiene peligrosas consecuencias para el mundo. Estamos esquilmando los recursos del planeta a un ritmo alarmante, al tiempo que vertemos cada vez más residuos en nuestro entorno. En el momento actual, nos enfrentamos a un futuro que no parece prometer más felicidad y alegría, sino más dolor y sufrimiento.

¿En qué nos hemos equivocado? La causa fundamental, como han señalado numerosos sabios, es que buscamos la felicidad y la alegría en el lugar equivocado.

Un popular cuento sufí relata que una noche el sabio Nasrudín estaba fuera de su casa, arrodillado en el suelo bajo una farola, buscando su llave. Un vecino se unió a él, rebuscando en la tierra. Al cabo de un rato le preguntó:

–¿Dónde la has perdido exactamente?

–En mi casa –contestó.

–Bueno, entonces, ¿por qué la buscas aquí?–le preguntó el vecino, con el mayor tacto posible.

–Porque hay más luz –respondió Nasrudín.

Aunque nos riamos de su aparente estupidez, podemos ser igualmente ingenuos en nuestra búsqueda de la felicidad. La buscamos en el mundo que nos rodea porque es el sitio que mejor conocemos y porque sabemos cómo cambiarlo, cómo acumular posesiones, cómo hacer que la gente y las cosas se comporten del modo que queremos. En cambio, conocemos mucho peor nuestra mente, la cual nos parece oscura y misteriosa. Y así seguimos persiguiendo cosas y experiencias en el mundo exterior, sin darnos cuenta de que la clave para sentirnos mejor reside en nuestro interior.

Encontramos sentimientos similares en la práctica totalidad de las religiones. En el cristianismo, frases como «Arrepentíos de vuestros pecados, porque el Reino de los Cielos está próximo» se interpretan como una advertencia de que hay que arrepentirse de los pecados porque se acerca el día del Juicio. Pero si nos remontamos a los primeros textos griegos, encontramos otra interpretación más cercana.

La palabra griega traducida como «pecado» es *amartano*. Maurice Nicoll señala en su libro *The Mark*, que se trata de un término derivado del tiro con arco, que significa no dar en el blanco, no acertar en la diana. La diana que perseguimos es un estado mental más positivo: felicidad, satisfacción, tranquilidad, paz interior. Sin embargo, al creer que ese estado proviene de lo que tenemos o hacemos, apuntamos en la dirección equivocada –es decir, hacia las cosas y experiencias mundanas– y, al hacerlo, «erramos el tiro».

Por su parte, el término griego traducido como «arrepentimiento» es *metanoia*, que significa «cambio de mente». Así pues, la frase también puede traducirse como «Si has errado el blanco, y no has encontrado la felicidad en el mundo, cambia tu mente, porque lo que buscas está aquí mismo, dentro de ti».

Son muchos los maestros espirituales que han afirmado que no necesitamos hacer nada ni ir a ningún sitio para encontrar la paz interior. La mente, en su estado natural e inmaculado, ya se encuentra en paz. Simplemente tenemos que soltar nuestros apegos a cómo deberían ser las cosas, aceptar nuestra experiencia tal como es, sin resistencia ni juicios, y así volver a la mente natural, a nuestro estado original de gracia.

Es ahí donde encontraremos la paz mental que hemos anhelado durante tanto tiempo, una paz que no se halla a merced de los acontecimientos ni de las vacilaciones del pensamiento, una paz a la que podemos retornar una y otra vez.

Meditar sin esfuerzo

Existen muchos tipos de meditación. Algunas centran la atención en la respiración, en un mantra, en una luz interior, en el corazón o quizá en una deidad. Otras meditaciones se centran en una intención, una oración, un resultado futuro o algún aforismo espiritual. Y sus objetivos también varían. Todas ellas pueden ayudarnos a descubrir nuestra verdadera naturaleza, trascender el ego, alcanzar un estado superior de conciencia, conocer a Dios, recibir orientación o curación, o iluminarnos… La lista es interminable.

Las prácticas meditativas que más me interesan son las que permiten que la mente pensante se calme y relaje. La clave es permitir que suceda. En lugar de intentar centrar la atención, dejamos que se relaje, haciendo a un lado cualquier expectativa sobre lo que debería o no debería ocurrir.

Sencillamente, advertimos cuál es nuestra experiencia a cada momento, es decir, las sensaciones corporales, el flujo de la respiración, los sonidos que escuchamos. Permitimos que estén ahí tal como son, sin desear otra experiencia, sin intentar llegar a ningún otro sitio. Esta es la esencia del soltar: simplemente dejar ser a la experiencia, cualquiera que sea esta.

¿Y qué ocurre con los pensamientos? La gente suele quejarse de que no puede evitar que, durante la meditación, afloren pensamientos. Pero el hecho de que los pensamientos fluyan en nuestra mente es algo natural e ineludible. Si preguntamos a los meditadores experimentados si siguen teniendo pensamientos cuando se sientan, nos responderán de forma afirmativa. La clave reside en el modo en que reaccionamos a ellos.

Al principio no nos percatamos de que estamos atrapados en un pensamiento. Nuestra atención se halla absorta en una idea que quizá nos parezca interesante o importante. También, como ocurre a menudo, tal vez simplemente aparezca de manera habitual, repitiendo una idea que hemos tenido muchas veces. Pero, al cabo de un rato, el pensamiento se agota. En ese momento, volvemos a estar presentes, presentes en el hecho de que hemos estado pensando.

Entonces, en lugar de continuar con el pensamiento, tal como haríamos en la vida cotidiana, elegimos no seguirlo. Cuando la atención deja de estar absorta en el pensamiento, se revela de nuevo el presente. Nos damos cuenta de la experiencia de estar sentado, de las sensaciones, de la respiración, de los sentimientos, de los sonidos que nos rodean.

Sin embargo, no intentamos mantenernos presentes. Eso es muy difícil de llevar a cabo. Los pensamientos no tardarán en surgir de nuevo. La práctica no consiste tanto en permanecer presente como en aprender, fácilmente y sin esfuerzo, a retornar al momento presente.

El proceso se compara a veces con enseñar a sentarse a un cachorro. Le sujetamos el trasero y le decimos: «Siéntate». Pero no lo obligamos a permanecer ahí, sino que lo soltamos

y el cachorro se va corriendo. Entonces se lo volvemos a or-
denar. Y, poco a poco, va aprendiendo a permanecer sentado
más tiempo.

Lo mismo ocurre con la mente. Volvemos a traer nuestra
atención al presente y nos sentamos en el aquí y ahora. Cuando
la atención se desvía, la devolvemos con suavidad al momento
presente. Poco a poco, la facilidad y la tranquilidad de la mente
natural se tornan más familiares –y atractivas– y descubrimos
que podemos tranquilizarnos cada vez más facilmente.

No obstante, la meditación es algo más que disfrutar de la
comodidad de una mente tranquila para luego volver al mundo con mayor calma y compostura, por muy bonito que esto
resulte, sino que más bien consiste en practicar una habilidad
que también nos sirva en nuestra vida cotidiana. Al entrenar
una actividad deportiva, podemos dedicar tiempo a perfeccio-
nar nuestro *swing* de golf o nuestro revés de tenis para salir al
campo o la pista y llevar a la práctica lo que hemos entrenado.
Del mismo modo, con la meditación, refinamos la habilidad
de soltar, para ponerla en práctica cuando volvamos a nuestra
vida cotidiana. En cualquier momento tenemos la posibilidad
de elegir no seguir el pensamiento actual, de soltarlo y volver
a relajarnos en la comodidad de una mente más tranquila.

Además, el valor de la meditación va más allá de que nos
ayude en la vida cotidiana. Al reposar en la quietud, nos torna-
mos más conscientes de nuestro verdadero ser. Y cuanto más
nos familiaricemos con esta cualidad esencial de nuestro ser,
más libres seremos para soltar el pensamiento egoísta. Y eso
es positivo para todos los implicados.

Saborear el momento

El ahora es el único momento que conocemos. Nuestros recuerdos del pasado no son sino experiencias en el presente, como también lo son nuestros pensamientos acerca del futuro. Por eso, cuando hablamos de no estar presentes, queremos decir que nuestra atención no se halla en el momento actual, sino centrada en pensamientos relacionados con el pasado o con el futuro.

Es posible estar presentes de tres maneras distintas. En primer lugar, vivimos el presente, sin preocuparnos por el ayer o por lo que nos depare el mañana. Esta actitud tiene su valor, puesto que nos ayuda a tomar la vida tal como viene sin angustiarnos tanto por temores y preocupaciones superfluas. Sin embargo, no conduce necesariamente a una mayor conciencia del momento presente, ya que podemos seguir atrapados en los pensamientos como anteriormente, aunque sean pensamientos sobre el día de hoy y no acerca del ayer o el mañana.

Una segunda forma, común a muchas prácticas meditativas, es ser conscientes de nuestra experiencia actual. Si bien la mayoría de los pensamientos tienen que ver con el pasado o el futuro, la experiencia sensorial es siempre «ahora». Es por ese motivo que las técnicas básicas de meditación suelen centrar la atención en el cuerpo: latido cardiaco, respiración u otras sensaciones. Las sensaciones corporales siempre se ubican en el presente.

Y hay una tercera forma de estar presente que se desarrolla a partir de lo anterior: estar presente al modo en que estamos presentes, es decir, no tanto advertir nuestra experiencia del momento como advertir cómo sentimos que estamos en el momento.

Tal vez disfrutemos de un sentimiento de tranquilidad, alivio, relajación, mayor satisfacción, paz interior o alegría, quizá de un sentimiento de apertura o espaciosidad, o bien de un apacible deleite originado en el silencio mental o una apreciación de la quietud interior. Sea cual sea la sensación, nos permitimos saborearla y nos sumergimos en ella, como lo haríamos en un baño caliente.

Saborear la sensación de estar presentes nos motiva a retornar a ella más a menudo. A medida que lo hacemos, la sensación familiar y deliciosa de hallarnos aquí y ahora se convierte en un faro que nos conduce de vuelta a casa.

Tan solo una pausa

Pausa.

Tan solo una pausa. Nada más.

Y observamos nuestra experiencia. Nos fijamos en lo que hay en este instante.

Habrá distintas percepciones: imágenes, sonidos, olores, sensaciones corporales de algún tipo, quizá algún sentimiento o estado de ánimo general. Y muy probablemente, además de lo anterior, diferentes pensamientos. Tal vez algunos de ellos sean más poderosos y dominen nuestra atención, o bien haya pensamientos más débiles en el fondo: algún comentario, quizá, sobre lo que ocurre o alguna preocupación habitual.

Cuando nos demos cuenta de que estamos pensando, decidimos ponernos en pausa.

Durante unos instantes.

Al elegir la pausa, no estamos decidiendo hacer otra cosa, sino simplemente dejar de seguir el pensamiento y de interesarnos en él.

Y permitimos que se relaje la atención.

Quizá advirtamos una sensación de tranquilidad, un sentimiento de alivio, una suave sensación de gozo o alegría, una sensación de amplitud y claridad, una ligereza del ser o alguna cualidad similar.

Si es así, la saboreamos. Disfrutamos de la sensación de detenernos durante unos instantes. En ocasiones, advertiremos en el fondo niveles más sutiles de pensamiento, quizá reflexiones sobre lo que estamos advirtiendo u otros pensamientos que irrumpen sigilosamente.

Elegimos no seguirlos tampoco. Los dejamos ir por el momento.

Notamos cómo es estar libre de ellos, sin dejarnos atrapar.

Más tarde, cuando aparezcan otra vez, volvemos a hacer una pausa. Y de nuevo...

Sin embargo, no permitimos que la práctica de la pausa se convierta en una rutina, como la de buscar experiencias similares o reaccionar de la misma manera. Tampoco dejamos que se convierta en un ritual que llevamos a cabo. Porque, en ese caso, la práctica perderá su valor y su poder.

Hacemos que cada pausa sea una nueva indagación en el momento presente, sintiendo curiosidad por lo que sentimos, como si fuera la primera vez.

Porque lo es. La primera –y única– vez que saborearemos este momento.

La parábola
de la cuerda

Somos como alguien que se aferra a una cuerda.

Se aferra a la vida, sabiendo que si la suelta se caerá. Sus padres, sus maestros y muchas personas le han asegurado que es así. Y cuando observa a su alrededor, ve que los demás también se agarran con fuerza. Nada le induce a soltarse.

Pero llega un sabio. Sabe que aferrarse no sirve de nada, que cualquier seguridad que nos ofrezca la cuerda es ilusoria y solo nos mantiene donde estamos. Así pues, busca la manera de disipar nuestro engaño y de liberarnos.

Nos habla de una alegría más profunda, de la verdadera felicidad y de la paz interior. Nos asegura que las experimentaremos si soltamos un dedo de la cuerda.

«Un dedo –pensamos– no es demasiado para arriesgarse a experimentar la felicidad», de manera que aceptamos esta primera indicación.

Y, en efecto, experimentamos más alegría, felicidad y paz interior.

Pero no lo suficiente como para cosechar una satisfacción duradera.

–Aún más alegría y felicidad pueden ser tuyas –nos dice el sabio– si sueltas un segundo dedo.

«Esto –pensamos ahora– va a ser más difícil. ¿Estaré seguro? ¿Tendré el valor suficiente para intentarlo?».

Dudamos y luego, aflojando otro dedo, sentimos lo que es soltar un poco más… y nos arriesgamos.

Nos sentimos aliviados al comprobar que no nos caemos. En cambio, descubrimos una mayor felicidad y tranquilidad.

¿Sería posible más?

–Confía en mí –dice el sabio–. ¿Te he fallado hasta ahora? Conozco tus temores, sé lo que te dice tu mente, que esto es una locura, que va en contra de todo lo que has aprendido, pero, por favor, confía en mí. Te prometo que estarás a salvo y conocerás una paz y una satisfacción aún mayores.

Nos preguntamos entonces: ¿realmente deseamos tanto la paz interior que estamos dispuestos a arriesgar todo lo que queremos? En principio, sí; pero ¿podemos estar seguros de que no nos caeremos?

Con un poco más de persuasión, empezamos a analizar nuestros temores, a considerar su origen y a explorar lo que queremos realmente. Poco a poco, sentimos que nuestro tercer dedo se ablanda y se relaja. Sabemos que podemos hacerlo. Sabemos que debemos hacerlo. Es solo cuestión de tiempo que soltemos también este dedo.

Y cuando lo hacemos, se apodera de nosotros una sensación de tranquilidad aún mayor.

Ahora estamos colgados de un solo dedo. La razón nos dice que deberíamos haber caído ya hace uno o dos dedos, pero eso no ha sucedido.

–¿Hay algo malo en aguantar? –nos preguntamos–. ¿He estado equivocado todo el tiempo?

–Eso depende de ti –responde el sabio–. No puedo ayudarte más. Solo recuerda que todos tus miedos son infundados.

Confiando en nuestra propia y tranquila voz interior, soltamos poco a poco el último dedo.

Y no ocurre nada.

Nos quedamos exactamente en el lugar en el que estamos.

Es entonces cuando nos damos cuenta de por qué. Todo el tiempo hemos tenido los pies en el suelo.

Redescubrir
la sabiduría atemporal

La mayoría de las tradiciones espirituales comenzaron con una persona que tuvo una experiencia mística transformadora, una profunda revelación o un despertar interior. Quizá la alcanzase por medio de una práctica espiritual sostenida, de la profunda devoción o de superar un duro reto, o incluso pudo llegar sin avisar, como surgida de la nada, es decir, como un momento atemporal en el que los dramas personales palidecieron a la luz de una profunda paz y serenidad interior. Sea como fuere, dicha experiencia suele propiciar una deliciosa alegría por estar vivo, un amor incondicional hacia todos los seres y la disolución del yo personal.

La experiencia de estas profundas transformaciones ha llevado a muchos a querer compartir sus descubrimientos para ayudar a otras personas a alcanzar el mismo despertar. Sin embargo, los que escucharon sus enseñanzas quizá malinterpretasen algunas partes, olvidasen otras o añadiesen interpretaciones personales. Al igual que el juego del teléfono, en el que un mensaje transmitido a través de varias personas suele no parecerse en nada al original, a medida que las enseñanzas se transmitieron de un individuo a otro, de una cultura a otra, y se tradujeron a diferentes idiomas, fueron pareciéndose cada vez menos al original. La sabiduría atemporal se revistió de las creencias y los valores de la sociedad en la que era transmitida, lo que dio lugar a una diversidad de credos cuya esencia común suele ser difícil de identificar.

Hoy, sin embargo, estamos inmersos en un renacimiento espiritual que difiere de forma significativa de los que tuvieron lugar en el pasado. Hemos dejado de estar limitados por las creencias de nuestra propia cultura; tenemos acceso a numerosas tradiciones, desde los albores de la historia escrita, hasta la actualidad. Además, las ideas de los maestros contemporáneos de todo el planeta son fácilmente accesibles a través de libros, grabaciones de audio y vídeos, así como en internet. Nada de esto era posible en tiempos pretéritos.

Si bien los renacimientos espirituales del pasado solían estar dirigidos por un solo maestro, en la actualidad hay muchos de ellos que experimentan y exponen la filosofía perenne. Algunos pueden ser más visibles que otros, y algunos tal vez tengan revelaciones más evidentes que otros, pero todos ellos contribuyen al creciente redescubrimiento de la sabiduría atemporal.

En lugar de que la verdad se vaya diluyendo y velando a medida que se transmite, en la actualidad nuestros descubrimientos se refuerzan mutuamente y somos capaces de distinguir más allá de las diferencias entre credos, más allá de sus diversos adornos culturales e interpretaciones, aquello que reside en su núcleo.

A medida que vamos eliminando capas de oscuridad acumulada, el mensaje central no solo se vuelve cada vez más evidente, sino que se va simplificando, con lo que el camino se torna poco a poco más fácil.

Cada vez más reconocemos que el despertar interior no requiere la lectura erudita de textos espirituales, años de práctica meditativa o la profunda devoción hacia un maestro, sino tan solo la voluntad de emprender la investigación honesta de nuestro propio ser. Sin embargo, no se trata de una investigación intelectual, sino de una indagación personal sobre quiénes y qué somos en realidad.

El ego no existe

El hecho de que el ego no exista no significa que no nos dejemos atrapar por pensamientos y comportamientos egocéntricos, si bien nos equivocamos al considerar que el ego es un yo separado o un «objeto» mental.

Cuando observamos nuestra experiencia, advertimos que el sentido inmutable de la «yoidad» ha estado ahí durante toda nuestra vida. Esa sensación de ser uno mismo es la misma que teníamos ayer, hace un año o cuando teníamos diez años de edad. Nuestros pensamientos, emociones, carácter, personalidad, deseos, necesidades, creencias y preferencias pueden haber cambiado de manera considerable a lo largo de los años, pero no el sentido del «yo».

Junto con el sentido del yo, encontramos varios pensamientos sobre lo que queremos, lo que nos haría felices o lo que nos proporcionaría más control en nuestro mundo, es decir, lo que podríamos denominar pensamientos «egocéntricos». A veces, sentimos miedo o nos juzgamos. Pensamos que, si consiguiésemos que las cosas fuesen de una manera determinada, seríamos felices. Pero no encontramos ningún yo distinto, o ego, una entidad que tenga estos pensamientos.

Lo que llamamos ego no forma parte de nosotros, sino que es un modo de pensar, un proceso más que una cosa, un verbo más que un nombre, por lo que podríamos decir que lo que somos es *egotización*.

La diferencia, aunque sutil, es muy importante. Si consideramos que el ego es un yo distinto, es fácil caer en la creencia –común en muchos círculos espirituales– de que debemos deshacernos del ego, trascenderlo o superarlo de algún modo. En cambio, considerar que el ego es una modalidad de pensamiento en la que estamos atrapados nos lleva a un enfoque muy distinto. Soltar el ego se convierte entonces en desprenderse de un sistema de pensamiento, lo cual es más una práctica continua que un objetivo lejano.

Abandonar el ego

El ego del que debemos deshacernos no se refiere a lo que los psicólogos denominan «ego sano», una sensación de autoestima importante para el pleno desarrollo psicológico que nos ayuda a establecer relaciones significativas y a afrontar los retos de la vida, sino a la modalidad de pensar egocéntrico que asume que la felicidad depende de lo que tenemos o hacemos y que nos lleva a utilizar el mundo para nuestros propios fines.

No hace falta añadir que hay momentos en los que este enfoque es importante. Si nuestro bienestar o nuestra seguridad están en peligro, es completamente natural priorizar nuestro bienestar personal. El pensamiento egoico como tal no es el enemigo, sino un *aliado* que nos ayuda a sobrevivir.

El inconveniente aparece cuando esta modalidad de pensamiento se activa más de lo necesario, puesto que secuestra nuestra atención, creando descontento superfluo, desencadenando emociones de las que estaríamos mejor sin ellas, obsesionándonos con conseguir lo que creemos que nos hará felices, resolviendo problemas que aún no existen y que quizá nunca lleguen a producirse… Todo ello ensombrece nuestra experiencia del momento presente, velando la paz y la satisfacción de la mente natural e imperturbable.

Percibir que el ego no es tanto algo que debemos controlar o eliminar como una forma de pensar en la que quedamos atrapados –y que podríamos llamar mente egoica– facilita la tarea de liberarnos de sus garras. Cuando advertimos que aparecen pensamientos egoístas, simplemente elegimos no seguirlos.

Sin embargo, como la mayoría de nosotros sabemos, rara vez es tan sencillo.

Para empezar, la mente egoísta está tan activa la mayor parte del tiempo que nos parece algo normal. Si llevamos gafas de color rosa en todo momento, nos olvidamos de cómo es el mundo sin ellas. Lo mismo ocurre con la mente egoísta: su visión de la realidad se convierte fácilmente en la «verdad». Si, por ejemplo, mantenemos una determinada actitud sobre el presidente de nuestro país, esta pasa a ser la realidad a través de la cual interpretamos sus acciones, lo que torna muy difícil que alguien nos induzca a cambiar de opinión.

Además, el pensamiento egoísta quiere que se le tome en serio. Tiene un trabajo que llevar a cabo: mantenernos a salvo. Si es nuestro bienestar lo que está en juego, desea que sigamos el curso de acción que ha planificado. El hecho de que esa misma reacción pueda ser desencadenada por una amenaza imaginaria es irrelevante. Una vez desencadenada, se pone en marcha y exige que obedezcamos sus órdenes.

Esta insistencia es una pista para detectar cuándo estamos atrapados en el pensamiento egoísta. Si la voz en nuestra cabeza resulta particularmente poderosa, persuadiéndonos de lo que debemos hacer y negándose a escuchar alternativas, tal vez haya llegado el momento de hacer una pausa y considerar si la mente egoísta es la que impera. Retrocedemos unos momentos, nos fijamos en lo que dice la voz y consideramos hasta qué punto es cierto.

Otra forma de reconocer el pensamiento egoísta es la tensión mental de fondo que suele acompañarlo. La mayor parte del tiempo, esa tensión es tan sutil que no la advertimos. Pero, de vez en cuando, la sentimos como una ligera contracción o constricción mental, que proviene de dos fuentes. En primer lugar, centrar la atención en alguna idea o asunto que nos parece importante conlleva un pequeño esfuerzo inconsciente, lo que provoca una ligera tensión mental. En segundo lugar, la mayoría de nuestros pensamientos egoístas tienen un componente de insatisfacción, lo que contribuye a aumentar la tensión.

Esa pequeña tensión mental es el sello del ego. Así pues, cuando la advirtamos, permitimos que la atención se relaje y exploramos si estamos atrapados en algún patrón de pensamiento egoísta. Y, en caso de que la respuesta sea afirmativa, investigamos si hay otra manera de considerar la situación.

Pero debemos tener sumo cuidado: la mente egoísta no está abierta a ver las cosas de manera distinta. Cree saber qué es lo correcto y no percibe más allá de su propia actitud a la hora de sopesar perspectivas radicalmente distintas. Tenemos que recibir ayuda de una zona diferente, de la parte de nosotros que no ha sido tocada por la voz del ego. Debemos abrirnos a la sabiduría de la mente no contaminada.

Rezar a uno mismo

Solemos concebir la oración como la apelación a un poder superior. Rezamos para que alguien se cure, para tener éxito en alguna empresa, para llevar una vida mejor o para ser guiados en un asunto difícil. Detrás de estas oraciones reside la creencia de que carecemos por nosotros mismos del poder necesario para cambiar las cosas; si lo tuviéramos, simplemente nos pondríamos manos a la obra. Así pues, suplicamos a un poder superior que intervenga en nuestro favor.

Pero ¿qué es lo que realmente hay que cambiar? Por lo general, queremos que el mundo cambie. Queremos conseguir las circunstancias que creemos que nos harán felices o, por el contrario, deseamos evitar las que consideramos que nos generarán más sufrimiento. Sin embargo, si analizamos más detenidamente por qué no somos felices, quizá descubramos que la raíz de nuestro descontento no radica tanto en la situación en sí como en la forma en que la percibimos.

Si estamos atrapados en un atasco, por ejemplo, lo vemos como algo que nos hará sufrir de alguna manera –llegar tarde a una cita, perder una oportunidad o enfadar a alguien– y empezamos a sentirnos ansiosos, frustrados o impacientes. Pero también podemos considerarlo una ocasión para relajarnos y tomárnoslo con calma durante unos minutos. La misma situación suscita dos respuestas muy distintas. Y la diferencia se deriva únicamente del modo en que la abordamos.

Así pues, cuando descubrimos que nos sentimos molestos por algo, resulta útil recordar que esa molestia no se deriva tanto de la situación en sí como del modo en que la afrontamos. Si ese es el caso, carece de sentido pedir que cambie el mundo, sino que más bien lo que tenemos que modificar es nuestra percepción del mismo.

Y por eso es por lo que rezamos. Permanecemos en silencio y a continuación preguntamos, con una actitud de inocente curiosidad: ¿Podría haber otra forma de enfocar la situación? No intentamos responder a esa pregunta nosotros solos, puesto que hacerlo de ese modo activaría, sin duda, la mente egoísta, a la que le encanta intentar averiguar qué hacer. Simplemente planteamos la pregunta, la dejamos estar y esperamos.

A menudo se nos ocurrirá una nueva forma de ver las cosas, algo que no llegará como una idea, sino como un cambio real de percepción. Y nos descubriremos afrontando la situación de manera distinta.

Los resultados de este tipo de plegaria no dejan de ser impresionantes. Vemos que nuestros miedos y quejas desaparecen y, en su lugar, emerge una sensación de tranquilidad. Percibimos ahora con ojos más amorosos y compasivos a la persona o la situación que nos está importunando. La belleza de este enfoque reside en pedir no ya una intervención en el mundo, sino una intervención en nuestra propia mente. Porque es ahí donde más se requiere la ayuda.

Tampoco le rezamos a un poder externo, sino que le rezamos a nuestro propio ser para que nos guíe, a la mente imperturbable que percibe las cosas tal cual son, sin la superposición de esperanzas y temores, que es capaz de reconocer cuándo nos hallamos atrapados en modalidades de pensamiento egoísta y siempre está dispuesta a ayudar a que nos liberemos de ellas.

¿Quién soy?

¿Quién soy yo? Cuando la gente se plantea por vez primera esta pregunta, puede aportar respuestas como: «Soy Jill, mujer, americana», «Soy budista, socialista, vegetariano», «Soy madre, hija, compañera», «Soy terapeuta, profesora, ama de casa», «Soy inteligente, divertido, cariñoso»… La lista es interminable. Sin embargo, ¿es esto lo que realmente somos? Esto son roles que desempeñamos, cosas que hacemos, características personales y habilidades que poseemos. Cualquiera de ellas puede cambiar, pero el *yo* que tiene esas cualidades y desempeña esos papeles seguirá siendo el mismo.

¿Qué es entonces esa sensación del *yo* que siempre está presente? Ese es el objetivo al que apunta la pregunta, es decir, la continua sensación de yoidad que nos ha acompañado, desde que somos capaces de recordar, durante toda nuestra vida, y que nunca cambia.

Algunos lo llaman el yo puro, el yo verdadero o simplemente el Yo, con la letra inicial en mayúscula para distinguirlo de nuestra identidad cotidiana. Sin embargo, la palabra *yo* es un nombre que quizá nos induzca a buscar alguna entidad o experiencia que se ajuste a la descripción que tenemos de él.

Se parece a alumbrar con una linterna una habitación oscura, buscando la fuente de luz. Lo único que encontraremos serán distintos objetos sobre los que brilla la luz, pero nunca la luz en sí. De igual modo, si buscamos el yo, lo único que localizaremos serán diferentes ideas, sentimientos y sensaciones, pero, por muy sutiles o parecidos a un yo que sean, en realidad son experiencias de las que somos conscientes, pero no son el yo que es consciente de ellas.

La pregunta no debe responderse, sino que debe mantenerse como una indagación permanente, como una invitación a explorar a qué se refiere la palabra *yo*. No se trata de pensar en ello, sino de observar la experiencia real e indagar: ¿Qué se entiende por *yo*? ¿Cuál es la realidad más allá de las ideas que tenemos con respecto al yo? No tenemos que buscar una respuesta, sino tan solo instalarnos en la indagación, con una mente abierta. Y el Yo comenzará a revelarse.

Otro enfoque más directo es dejar de lado el yo de la pregunta y simplemente preguntar: «¿Soy?». La respuesta suele ser un simple «Sí, soy», pero no «esto o aquello», sino simplemente el puro *yo soy*.

Yo soy es la primera persona del verbo ser. Es nuestro conocimiento directo del ser, es decir, del modo en que sentimos el ser. No se trata de ser algo o alguien, sino simplemente de ser, de existir. Es una sensación de presencia personal –una presencia a la que llamamos yo– que reside en el corazón de cada experiencia.

A menudo se afirma que este yo es inefable, es decir, que no se puede expresar con palabras. Esto no se debe a que no tengamos palabras para describirlo, sino a que carece de cualidades que describir. Si las tuviera, serían cualidades conocidas —más objetos de la experiencia— y no el sujeto de todas ellas.

Si carece de cualidades descriptibles, no hay manera de distinguir nuestro sentido del yo del de otras personas. Pero todos somos diferentes en lo que respecta a nuestra identidad personal, nuestras necesidades y valores y nuestra manera de experimentar el mundo. Podemos hacernos una idea de cómo es ser otra persona a partir de lo que nos cuenta sobre sus diversos pensamientos y sentimientos, pero nunca podremos averiguar del todo cómo es ser esa persona en concreto.

En cambio, sí que sabemos exactamente cómo es para nosotros esa sensación central del yo. Es idéntica para cada uno de nosotros y para cualquier otra persona, puesto que todos compartimos el mismo sentido del ser.

En eso, todos somos uno.

Sat-chit-ananda

Sat-chit-ananda es una formulación muy común en las enseñanzas hindúes, que suele traducirse como «verdad-conciencia-
bienaventuranza» o algo similar. Algunos lo interpretan como
un estado de conciencia que hay que alcanzar, lo que lleva a la
gente a buscar, o esperar, alguna experiencia nueva y exótica.
Pero si nos remontamos a los textos donde el término aparece
por vez primera hace unos 2.500 años, descubrimos que *sat-
chit-ananda* no es sino la descripción del Yo.

La palabra sánscrita *sat* significa «verdadera esencia» o «lo
que es y nunca cambia». Es el participio presente del verbo *ser*,
por lo que podría traducirse literalmente como «algo que es»,
de nuevo apuntando al «yo soy» en tanto que conocimiento
directo de nuestro propio ser.

Chit quiere decir «conciencia». Ser es ser consciente. No es
que yo sea consciente, en el sentido de un individuo llamado
yo que sea consciente o tenga conciencia, sino que *soy* conciencia.

Ananda, por su parte, suele traducirse como «bienaventuranza», lo que evoca la idea de una felicidad extática o eufórica.
Esta traducción probablemente procede de los primeros traduc-

tores occidentales de textos orientales, que tenían escasa experiencia personal de esos estados, y que lo hicieron lo mejor que pudieron basándose en su propia comprensión cultural. Ahora que muchos de nosotros hemos experimentado los estados a los que apuntaban dichas enseñanzas, estamos en condiciones de apreciar otra interpretación del término.

La palabra sánscrita *ananda* se deriva de *ānanda*. *Nanda* significa «contentamiento» o «satisfacción». El prefijo *ā* se utiliza para denotar gran énfasis. De ese modo, *ānanda* significa «gran satisfacción», la gran satisfacción que se deriva del retorno a nuestro propio ser.

Al reposar en ese estado, disfrutamos de una comodidad natural a la que no hay que añadir –o no se puede añadir– nada. No hay deseo de ninguna cosa y no hay esfuerzo alguno por estar en otro lugar o con cualquier otra persona. Podemos llamarlo bienaventuranza, pero la mayoría de las veces es una bienaventuranza tranquila y silenciosa, más que la dicha extática que solemos asociar con el término.

Aquí reside el objetivo último de nuestros deseos –es decir, un estado mental más satisfactorio y pacífico– sin tener que invertir tiempo y energía en perseguir su logro. Los budistas se refieren a ese estado como *nirvana*, cuyo significado raíz es «apagar», como cuando se apaga la llama de una vela. La llama del deseo se extingue, no mediante el control o las austeridades, sino porque hemos arribado a lo que estábamos buscando todo el tiempo. No hay nada más que desear.

La gente puede preguntarse entonces: «Si descansamos en esa plenitud, tranquilos y en paz, con el objetivo subyacente de todos nuestros deseos cumplidos, ¿aún querríamos hacer algo?». Sí, todavía habría una motivación para actuar, pero ya no procedería de la mente egoísta, del descontento personal o del sufrimiento, sino del corazón y de la compasión hacia los demás seres.

Si viéramos a alguien aquejado de algún tipo de sufrimiento, naturalmente querríamos ayudarle, ya fuese para aliviar su padecimiento de alguna manera ordinaria o para ayudarle a despertar a la causa del sufrimiento. Lo mismo ocurriría con cualquier otra criatura a la que viésemos sufrir. Querríamos ayudarla. Parafraseando al Buddha, los individuos despiertos no descansarán hasta ver el final del sufrimiento de todos los seres.

Redefinir la iluminación

Solemos considerar que la iluminación espiritual es un objetivo distante, alcanzado por unos pocos individuos tras años de práctica persistente o, en ocasiones, debido a la buena fortuna, creyendo que es algo que conseguimos o logramos, es decir, un estado de conciencia con el que somos bendecidos, que sustituye a nuestra conciencia cotidiana ordinaria. Sin embargo, la iluminación no es una nueva experiencia maravillosa o extática y tampoco requiere años de práctica, sino que consiste sencillamente en el despertar desde el mundo de los sueños de la mente egoísta, siendo la consecuencia del completo abandono.

Nuestra realidad primaria es el mundo de la experiencia sensorial: lo que vemos, oímos, saboreamos, olemos y sentimos en el momento actual. Junto a esto se ubica el mundo de nuestros pensamientos, las historias que nos contamos a nosotros mismos acerca de lo que ocurre, sobre lo que necesitamos y el modo de conseguirlo. Este es el mundo de la imaginación, en el que nos sumergimos en el pasado y el futuro, reflexionando sobre nuestra experiencia, sopesando posibilidades y efectuando elecciones y planes.

No hay nada malo en habitar en el mundo de la imaginación. Es valioso pensar en nuestra experiencia, soñar futuros distintos y planificar el modo de realizarlos. Eso es lo que subyace a buena parte de lo que nos convierte en humanos: sociedad, ciencia, tecnología, arte y filosofía. Es un reino al que acudimos cuando lo necesitamos. Y luego, cuando hemos terminado, retornamos a la realidad primaria del aquí y el ahora.

Pero nuestros mundos imaginarios son tan absorbentes y parecen tan importantes que tendemos a pasar la mayor parte del tiempo en ellos. Nuestra atención se ve dominada por las historias que nos contamos a nosotros mismos, por nuestras esperanzas y temores, por nuestros deseos y aversiones. Es el mundo de la mente del ego, del que depende nuestra supervivencia, el que nos dará seguridad y protección, satisfará nuestras necesidades y nos hará más felices. Pero estos pensamientos ensombrecen nuestra experiencia presente, velando nuestra verdadera naturaleza. Peor aún, nos atrapan en el intento de buscar la felicidad a través de lo que tenemos o hacemos.

Sin embargo, llega un momento en el que nos percatamos de que nuestra búsqueda de posesiones, fama, fortuna o cualquier otra cosa que creamos que nos hará felices no nos aporta satisfacción permanente. Todas esas cosas solo sirven para perpetuar el *samsara*, ese interminable deambular de una gratificación temporal a otra. Esta comprensión constituye, para muchas personas, el primer paso en pos del despertar.

Entonces nos sentimos atraídos por alguna enseñanza espiritual que nos promete una felicidad más duradera e independiente del mundo material, emprendiendo un sendero para *conseguir* la iluminación. Pero la mayoría de las veces, es la mente egoísta la que se moviliza, creyendo que esta es la respuesta a nuestra búsqueda de la felicidad, que la iluminación es lo que debemos encontrar y alcanzar. Y, aunque podamos caer en la tentación de criticar a la gente por seguir caminos espirituales con motivos tan egocéntricos, sin embargo, como suelen señalar las enseñanzas hindúes, hace falta una espina para extraer otra espina, es decir, se requiere la mente del ego para emprender un viaje hacia el despertar que finalmente nos lleve más allá de la mente del ego.

Intentamos varios enfoques, y hasta es posible que tengamos algunas experiencias notables en el camino, pero tarde o temprano reconocemos que la iluminación no es una experiencia nueva, un estado exaltado que nos transformará, sino simplemente el despertar de un sueño.

Esto es lo que han experimentado los místicos de todos los tiempos y culturas, algunos fugazmente, mientras que otros han disfrutado de una gracia permanente. En repetidas ocasiones, dan fe de la paz, el amor y la libertad que conlleva el despertar. Atestiguan el descubrimiento de su verdadera naturaleza, del sentido de lo sagrado, de la atemporalidad del eterno presente, de la disolución de los límites y de la unidad con el cosmos.

Algunos de ellos despiertan, y eso es todo. Permanecen despiertos. No obstante, en lo que atañe a la inmensa mayoría tenemos visiones, tal vez durante la meditación, quizá disfrutamos de una intensa alegría u otra circunstancia que desemboca en un profundo soltar. Pero esto es algo que no perdura. No pasa mucho tiempo antes de que nos encontremos de nuevo atrapados en la agonía de la insatisfacción. Y la experiencia del despertar se convierte en un recuerdo.

Sin embargo, hemos saboreado dicha experiencia, lo cual constituye un acicate para retornar a ella. Y, cada vez que lo hacemos, se vuelve más familiar. Somos capaces de reconocer con más facilidad cuando estamos bloqueados por pensamientos egoístas, y tenemos mayor capacidad para soltarlos.

Las enseñanzas hindúes comparan este proceso con el de teñir una tela. Los antiguos tintes vegetales no eran tan rápidos y se desvanecían rápidamente, de manera que se sumergía la tela en el tinte y se dejaba al sol hasta que se desvanecía. Luego se volvía a sumergir y se dejaba desteñir de nuevo. Poco a poco, el color iba acumulándose hasta que acababa siendo permanente.

De igual modo, nos sumergimos en la comodidad y la libertad de nuestra verdadera naturaleza, la cual se desvanecerá levemente cuando entremos otra vez en el mundo. Volvemos a sumergirnos. Y, de nuevo, poco a poco irá intensificándose esa libertad.

El sendero sin sendero

Hay maestros espirituales que declaran que no existe un camino hacia la iluminación y que no hay necesidad de técnicas o prácticas. Señalan que no hay que meditar, que no hay que hacer nada.

Ciertamente una profunda verdad subyace a semejantes afirmaciones. Con el despertar, arriba la comprensión de que, en palabras de Lin-chi, uno de los fundadores del Zen chino, no hay «Nada que hacer. Ningún lugar al que ir. Nadie que ser».

La iluminación no es la consecución de un estado superior de conciencia o de una nueva experiencia extraordinaria, sino que consiste en soltar todo lo que nos aleja del momento presente, sintiendo el placer derivado de simplemente ser. No hay otro lugar al que llegar más que este.

Si no hay ningún lugar al que arribar, tampoco hay nada que hacer. El problema es nuestra actividad incesante. Cuando dejamos de lado el apego a cómo deberían ser las cosas y retornamos a la alegría de nuestra verdadera naturaleza, encontramos lo que hemos estado buscando todo el tiempo, pero lo estábamos buscando en el mundo y no en nosotros mismos.

El mundo sigue siendo tal como es, y nuestra experiencia sigue siendo la que es. Lo único que cambia es nuestro sentido del yo. Ya no nos identificamos con un yo único y personal, ya no hay nadie que ser, ningún personaje que necesite expresarse o buscar reconocimiento y reafirmación. Reconocemos lo que realmente somos y lo que siempre hemos sido: el Yo que reside en el corazón de cada experiencia.

Desde esta perspectiva, no hay ningún lugar al que llegar, como tampoco hay ningún camino.

Y, sin embargo…, muchos de estos maestros sí que transitaron un camino. Algunos pasaron años investigando el Yo, mientras que otros siguieron el sendero de la entrega total, de la deconstrucción radical de la experiencia o alguna otra práctica contemplativa. Mis propias realizaciones han arribado en periodos de meditación profunda, cuando mi mente estaba relajada y en silencio. En esos momentos, es obvio, sin lugar a dudas, que realmente no hay ningún lugar al que llegar ni nada que hacer. Y, a pesar de ello, si no hubiera seguido un camino que me enseñara a dejarme llevar para sumergirme en ese estado mental natural, no habría apreciado la profunda verdad de las palabras de Lin-chi.

Así pues, desde el punto de vista de la mente que aún no está iluminada, hay senderos que seguir: caminos que nos ayudan a desarrollar la capacidad de soltar, permitiendo que se tranquilicen los pensamientos, caminos que facilitan estar aquí ahora, caminos que ayudan a eliminar los bloqueos a la conciencia siempre presente e inmutable del Yo, caminos que nos animan a dedicar el tiempo indispensable para aprender a no hacer nada.

Retirarse

El retiro no es algo que deba relacionarse con el final de nuestra vida laboral, cuando por fin nos jubilemos y tengamos más tiempo para nosotros. Tenemos que retirarnos ahora, en la vida cotidiana.

Permitimos que se retire la mente.

Permitimos que la atención se aleje de lo que ocupa nuestra mente. Tomamos conciencia de lo que ya estaba ahí antes de que el pensamiento se apoderase de nosotros.

Tal vez sea una emoción, un sentimiento, una serie de sensaciones corporales, nuestra respiración, los sonidos que nos rodean... No importa de qué se trate. Distintas experiencias se manifiestan en cada momento. Y solo observamos lo que está ahí, aunque hasta ahora nos había pasado desapercibido.

Después, nos retiramos de nuevo. Dejamos que la atención retroceda para tomar conciencia de lo que está ahí, por debajo de las sensaciones y los sentimientos.

De nuevo, no hay una respuesta correcta. El proceso en sí mismo es lo valioso. Simplemente hacemos una pausa y nos fijamos en lo que hay.

Y luego nos retiramos de nuevo.

Y otra vez...

Convertirse en otra persona

¿Por qué tenemos la sensación de ser un yo individual? ¿De dónde procede?

Cuando intentamos localizar este yo, solo encontramos distintos pensamientos, sentimientos y sensaciones que van y vienen. No localizamos un yo permanente que esté pensando los pensamientos o sintiendo los sentimientos, sino tan solo una conciencia de ellos a medida que aparecen.

Y, cuando buscamos el yo que es consciente de lo anterior, tampoco encontramos nada. De hecho, cualquier cosa que identifiquemos como nuestro yo consciente no es sino otra experiencia de algún tipo, pero no el yo que es consciente de la experiencia.

Sin embargo, seguimos teniendo la sensación muy real y persistente de ser un yo único. Tenemos la sensación de que hay un yo aquí, viviendo en este cuerpo, y un mundo «ahí fuera» que no somos nosotros. Esto es lo que Alan Watts denomina *el ego encapsulado en la piel*.

La percepción de estar en el cuerpo tiene una cualidad bastante tangible. Hay un sentido de vitalidad corporal, sensaciones sutiles en la piel y los músculos, sensaciones de movimiento, todo lo cual contribuye a la percepción distintiva de habitar un cuerpo.

Al mirar a nuestro alrededor, vemos otros cuerpos y asumimos que cada uno de ellos posee su propia dimensión interior, separada y única, con su identidad y carácter exclusivos.

Al creer que nuestro sentido del yo es real y diferente del de los demás, buscamos formas de describirlo y definirlo. Nos identificamos con la manera en que se nos ve en el mundo, con los roles que desempeñamos, con nuestro estatus social y nuestra profesión, con nuestra nacionalidad, nuestro nombre, nuestra familia, con nuestras creencias, nuestra educación, nuestros intereses…, con todo lo que se nos ocurre de entrada cuando se nos pregunta: «¿Quién eres?». Pero cabe considerar que estas y otras muchas cualidades con las que nos identificamos son como la ropa con que nos vestimos. En este caso, no obstante, en lugar de que el emperador no lleve ropa alguna, vemos mucha ropa, pero no encontramos a ningún emperador debajo de ella.

También derivamos la sensación de identidad a partir de nuestra historia, de dónde hemos estado y de lo que hemos hecho. Nos convertimos en un personaje de nuestra propia narrativa, de nuestro propio viaje del héroe por el drama de la vida, navegando por los altibajos, enfrentándonos a los retos y las adversidades, cosechando conocimiento y alcanzando objetivos, conociendo a otros personajes, enamorándonos de algunos de ellos, luchando contra otras personas, viajando siempre a lo largo del tiempo hacia futuros nuevos e inciertos.

Cuando leemos una novela que nos fascina, nuestra atención suele quedar tan absorta por la trama y las aventuras de los personajes que nos olvidamos de que somos el lector de la historia. De manera similar, estamos tan absortos en nuestros propios dramas que olvidamos que somos aquello que está al tanto de la historia de nuestra vida, junto con su héroe, al que llamamos *yo*.

Nuestra experiencia del pensamiento refuerza la ilusión de que existe un yo individual. La mayoría de nuestros pensamientos están formados por el diálogo interno que mantenemos con nosotros mismos, por comentarios sobre lo que sucede, acerca de lo que debemos hacer, sobre cómo hacerlo, etcétera. Esta conversación con nosotros mismos se manifiesta como una voz ubicada dentro de nuestra cabeza, una voz muy familiar que suena como nosotros, de manera que asumimos que somos dicha voz. Creemos ser el pensador de nuestros pensamientos, en lugar de aquello que es consciente de ellos.

Asimismo, nos percatamos de que hay conciencia y que, con ella, emerge la sensación del yo. ¿Cómo podría ser de otra manera? Está ahí, en el corazón de cada experiencia. Entonces asumimos fácilmente que la sensación de yoidad pertenece a nuestro yo personal, que es el que tiene conciencia.

Pero la conciencia estaba ahí antes de que se formase el yo. Cuando éramos muy pequeños y aún no se había desarrollado nuestra sensación de identidad, ya éramos conscientes. Y cuando se disuelve el sentido del yo, como ocurre en algunas experiencias místicas, seguimos siendo conscientes, si bien en ese momento somos conscientes de que no hay ningún yo personal.

Todo aquello con lo que este yo se identifica aparece en la conciencia. La sensación de hallarse en el cuerpo, la ropa con la que se viste, la historia de su viaje por la vida, la voz en la cabeza: todas estas son cosas de las que somos conscientes. Pero nosotros, en tanto que conciencia, existimos con independencia de nuestra identidad como un yo individual.

Ondas de conocimiento

¿De qué están constituidos los pensamientos? No son objetos materiales; no están compuestos de átomos ni de nada físico. Sin embargo, es evidente que nuestros pensamientos existen. Entonces, ¿cuál es la sustancia de la que están hechos?

Como no solemos plantearnos esta cuestión, carecemos de palabras adecuadas para definir la materia de la que están formados los fenómenos mentales. Lo más que podemos decir al respecto es que están hechos de mente, lo cual en sí mismo no explica demasiado, solo subrayar el hecho de que no están constituidos de materia.

Los pensamientos suelen consistir en un diálogo interno, imágenes, recuerdos y cosas similares. Pero ¿cuál es su elemento común? Todos ellos aparecen o suceden en la conciencia. Así pues, podría decirse que están hechos de conciencia. Pero ¿qué significa, en este caso, *conciencia*?

El sufijo inglés *-ness* de la palabra inglesa *consciousness* [en castellano, *conciencia*] significa «el estado o cualidad» de la conciencia. La felicidad es el estado de ser feliz. La suavidad es la cualidad de ser suave. Pero ni la felicidad ni la suavidad existen como cosas independientes. Del mismo modo, *conciencia* significa «el estado o cualidad de ser consciente», si bien la conciencia no existe como algo independiente.

El término *consciente* deriva del latín *conscius*, que significa literalmente «con conocimiento». Los pensamientos aparecen con nuestro conocimiento de ellos. Podríamos decir que surgen en nuestro campo de conocimiento, es decir, en el espacio mental en el que emergen y se conocen todas las experiencias.

Los pensamientos son como las olas del océano. La ola tan solo es agua en movimiento y no existe como una entidad independiente, separada del agua. Podemos ver la ola como una forma, pero en esencia es solo la actividad, la excitación y el movimiento del agua. De igual modo, los pensamientos son el movimiento o la agitación de nuestro campo de conocimiento; son olas de conocimiento.

Lo mismo ocurre con el resto de los fenómenos mentales. Si cerramos los ojos y exploramos la experiencia de nuestro cuerpo, descubriremos varias sensaciones: quizá algo de presión en algunos lugares, calor en una zona, algo de tensión en otra. Pero estas experiencias no son más que olas de conocimiento.

Lo mismo ocurre con los sonidos. Es fácil apreciar esto cuando imaginamos una pieza musical. Aunque es evidente que se trata de una experiencia que emerge en la mente, no hay ninguna diferencia esencial con el hecho de escuchar la música en directo. El cerebro recibe los datos que le transmiten los oídos y crea a partir de ellos una representación del sonido, que luego aparece en la mente en forma de música. El sonido que experimentamos no es más que otra ola de conocimiento, si bien percibimos que procede del mundo exterior que se ubica más allá del cuerpo, del llamado mundo real.

Este mundo parece aún más real en cuanto abrimos los ojos.

La visión, por su parte, nos conduce al espacio aparente de un mundo externo que parece ser real y estar poblado por objetos materiales. Pero, por muy real que parezca, nos vemos obligados a aceptar que las experiencias visuales también son olas de conocimiento.

Aquí es donde la cosa empieza a ser fascinante. Los colores que experimentamos solo son apariencias en la mente. La luz en sí carece de color, simplemente es energía que vibra en una determinada frecuencia. El color se deriva de la representación mental de esa frecuencia. Y lo mismo ocurre con las demás cualidades que percibimos. Parece que experimentamos el mundo directamente, pero en realidad todo es una representación del mundo exterior que aparece en nuestro campo de conocimiento.

El hecho de que nunca experimentemos el mundo exterior directamente no significa que no sepamos nada de él. Sin embargo, nuestro conocimiento del mundo emerge de la exploración de la representación del mismo en la mente, y a partir de ahí extraemos conclusiones sobre el mundo físico. Eso es lo que persigue la ciencia, es decir, deducir el modo en que funciona el mundo. Pero todo lo que descubrimos –lo que sabemos y entendemos acerca del mundo, nuestras teorías científicas y ecuaciones matemáticas, nuestros conceptos relativos a materia, energía, espacio y tiempo, nuestras ideas sobre cuarks, cuerdas, partículas y ondas– no son más que fenómenos mentales: ondas de conocimiento.

¿Dónde estoy?

A la pregunta «¿Quién soy?» podemos responder que el «yo soy» es el corazón de todo conocimiento.

¿Cuándo estamos? «Ahora» es la respuesta obvia. Siempre nos hallamos en el momento presente, aunque nuestros pensamientos se refieran al pasado o al futuro.

¿Dónde estamos? «Aquí», podemos responder. ¿En qué otro sitio si no?

Pero ¿qué queremos decir con *aquí*? Es probable que señalemos el lugar concreto en el que se encuentra nuestro cuerpo. Y es fácil suponer que en ese lugar es también donde se ubica nuestra conciencia.

Ahora mismo las palabras que estamos leyendo quizá estén a uno o dos metros delante de nosotros. Además, ante nosotros también puede haber una mesa, y, quizá a través de la ventana, contemplemos una escena más lejana; asimismo está el suelo que pisamos y la conciencia del espacio que hay detrás de nosotros. El mundo parece estar dispuesto a nuestro alrededor, es decir, en torno al yo que es consciente de todo ello.

Sentimos que la sensación del yo se sitúa en algún lugar de la cabeza. Eso tiene sentido, puesto que el cerebro –que se halla de alguna manera asociado a la conciencia– está en nuestra cabeza. Nos resultaría extraño si sintiéramos que nuestro yo está ubicado, por ejemplo, en la zona de las rodillas.

Pero las cosas no son cómo creemos. La situación aparente de la conciencia no tiene, de hecho, nada que ver con la ubicación de nuestro cerebro, sino que más bien depende de la ubicación de nuestros sentidos.

La sensación de nuestra situación espacial se deriva principalmente de los ojos y los oídos, que casualmente se hallan en la cabeza. Por tanto, el punto central de nuestra percepción –el punto desde el que parece que experimentamos el mundo– se ubica en una zona que se encuentra detrás de nuestros ojos y entre nuestras orejas, es decir, en el centro de la cabeza. El hecho de que el cerebro esté también en la cabeza es mera coincidencia, como demuestra el siguiente experimento mental.

Imaginemos que nos trasplantan los ojos y los oídos a las rodillas y que vemos y escuchamos el mundo desde esta nueva ubicación. ¿Dónde sentiríamos ahora que está situado el yo? ¿En la cabeza? Nuestro cerebro seguiría estando en la cabeza, pero ya no sería el punto central de la percepción. Percibiríamos el mundo desde un lugar distinto y sentiríamos que estamos en el centro de este nuevo modo de ver el mundo, es decir, ¡en la zona de las rodillas!

En resumen, la impresión de que la conciencia tiene una ubicación concreta en el espacio es ilusoria. Es natural que sintamos que estamos situados en el centro de nuestra experiencia, en el centro de nuestra percepción del mundo. Pero el mundo que percibimos aparece en nuestra conciencia y, en ese sentido, se ubica en nuestro interior.

La conciencia no está en algún lugar del mundo; de hecho, es justo lo contrario. El mundo tal como lo conocemos aparece en la conciencia. Y entonces asumimos erróneamente que la conciencia está emplazada en el centro de esa apariencia.

Libertad respecto de la libertad

Tanto si tenemos o no libre albedrío, en el sentido de ser libres para elegir qué hacer y cuándo llevarlo a cabo, existe otro sentido en el que la voluntad puede ser libre –pero no tanto *libre para* como *libre de*– desprendiéndose de los deseos del ego.

La mente del ego busca lo que la mantendrá a salvo. Su voluntad es poderosa, como tiene que ser. Si nuestro bienestar está en juego, debe tomar decisiones y mostrarse muy decidida en un determinado curso de acción. Pero la mayoría de las veces se ve desencadenada por alguna necesidad o peligro imaginario, y entonces esa voluntad deja de ser lo mejor para nosotros.

Cuando dejamos atrás la mente del ego, disfrutamos de un nuevo tipo de libertad: libertad del descontento que motiva gran parte de nuestro pensamiento, libertad del impulso para hacer algo, libertad para descansar en la comodidad y facilidad de nuestro ser natural.

Con ello viene la libertad de elegir no elegir.

Cuando nos enfrentamos a una decisión, en lugar de dejar que el pensamiento decida qué es lo mejor, elegimos detener nuestro pensamiento, decidimos no seguir una determinada línea de pensamiento.

El pensamiento no tardará en volver, pero en ese momento habremos roto la cadena. Habremos dejado atrás los patrones del pensamiento condicionado y seremos libres para empezar de nuevo. Pensemos en esto como libertad respecto de la libertad, es decir, que nuestra mente ya no va a discurrir por esos derroteros.

Así pues, cuando advirtamos que estamos pensando en algo que queremos, pero sabemos que no necesitamos o que no es bueno para nosotros, podemos ejercitar la libertad respecto de la libertad y cortar el deseo de raíz antes de que el pensamiento se convierta en algo a lo que tengamos que resistirnos.

Si estamos centrados en planificar alguna eventualidad que, con toda probabilidad, nunca llegue a producirse, elegimos no seguir ese pensamiento para ahorrarnos preocupaciones y tensiones innecesarias.

Si nos descubrimos dándole vueltas a algún agravio del pasado, decidimos dejarlo estar, y encontramos la paz en la quietud de nuestro propio ser.

Esta libertad respecto de la libertad es la verdadera libertad de la voluntad, esto es, libertad respecto de la voluntad de la mente egoica.

La libertad de elegir no elegir, de elegir nada en lugar de algo.

El apoyo de la naturaleza

Carl Jung acuñó el término *sincronicidad* para referirse a las notables coincidencias que experimentamos de vez en cuando la mayoría de las personas. Son reseñables en el sentido de que suelen implicar que dos o a veces más eventos inconexos –que parecen ser algo más que simples coincidencias o puras casualidades– se conjugan de manera poco probable. A menudo nos parecen milagros que nos traen justo lo que necesitamos en el momento propicio, brindándonos nuevas oportunidades en nuestra vida o apoyándonos de alguna manera.

Por poner un ejemplo, en un largo viaje conduciendo de vuelta a casa después de un retiro, decidí abandonar la carretera principal y explorar algunos caminos rurales para encontrar un lugar tranquilo donde descansar. Me detuve junto a una verja para disfrutar del paisaje, y unos cuantos minutos después pasó por allí una de las personas que había dirigido el retiro. Tenía ganas de volver a verle, pero no sabía que vivía en esta parte del país, y mucho menos en este lugar.

Maharishi, con quien tuve la suerte de estudiar en la India, lo explicaba diciendo que se trataba del «apoyo de la naturaleza». Cuando quería evaluar si estábamos progresando en nuestra práctica, no le interesaban nuestras experiencias meditativas en sí, si éramos conscientes del Yo puro o si saboreábamos estados superiores de conciencia, sino lo que más le interesaba era si nos habíamos percatado de lo que él llamaba «el apoyo de la naturaleza». Con esto quería decir si notábamos que el mundo sustentaba nuestras necesidades e intenciones, es decir, ¿percibíamos más sincronización en nuestras vidas?

Su razonamiento era el siguiente: Buena parte de nuestros pensamientos surgen de necesidades y deseos egocéntricos. Este egocentrismo está detrás de muchos de nuestros problemas, desde los internacionales y medioambientales hasta los sociales y personales. En la meditación trascendemos («vamos más allá de») la mente del ego. Nos liberamos de sus valores erróneos y apoyamos así a la naturaleza de la manera más fundamental. Y la naturaleza nos devuelve el favor apoyándonos a nosotros.

Tal vez esto nos suene a pensamiento mágico, pero me he dado cuenta de que el grado de sincronización en mi vida refleja a menudo mi estado de conciencia. Cuando medito con regularidad, sobre todo cuando he estado en un retiro de meditación, la vida parece discurrir adecuadamente, con numerosas pequeñas coincidencias que me traen en el momento adecuado justo lo que me hace falta. Es como si el universo tuviera en cuenta mis mejores intereses y dispusiera su cumplimiento de una manera que nunca habría soñado.

Por el contrario, cuando estoy estresado, pierdo el contacto conmigo mismo, estoy atrapado por las preocupaciones o descentrado de alguna otra manera, las sincronicidades no fluyen de manera tan abundante.

Además, las sincronicidades parecen ocurrir más a menudo cuando estoy comprometido con el mundo. Puedo sentarme solo en una cabaña en medio de un bosque, en paz y en contacto conmigo mismo, y aun así ocurren pocas sincronicidades. Las sincronicidades más importantes suelen implicar de alguna manera a otras personas. Es como si nuestra interacción con los demás diera a la coreografía cósmica mayores oportunidades de alcanzarnos.

Aunque no podemos forzar el hecho de que se produzcan sincronicidades –puesto que su naturaleza es la ocurrencia «fortuita»–, sí que podemos fomentar su aparición. Es posible apoyar la naturaleza dedicando tiempo a alejarnos de nuestro pensamiento egoísta para reconectar con nuestro ser esencial. Entonces, instalados en nuestra auténtica naturaleza, salimos al mundo y participamos plenamente en él. Salimos a jugar, es decir, a desempeñar el papel que mejor se ajuste a nuestras intenciones y que mejor sirva a nuestro despertar y al de otras personas.

Y también a disfrutar, y quizá a maravillarnos, de la forma en que responde la naturaleza prestándonos su apoyo.

Perdonar

Perdonar no siempre resulta sencillo. Si nos sentimos atacados o heridos, podemos intentar aliviar nuestro dolor atacando a la otra persona; queremos que sepa cuánto nos duele. En momentos como esos, el perdón está muy alejado de nuestra mente.

Al perdonar a otra persona también nos parece que la liberamos de cualquier responsabilidad, como si dijéramos: «Sé que hiciste mal, pero no te voy a castigar esta vez».

Sin embargo, el verdadero perdón está lejos de dejar a alguien libre o incluso de pensar que hizo mal.

En la Biblia, la palabra griega traducida como «perdonar» es *aphesis*. Su significado literal es «soltar», como cuando dejamos físicamente algo, liberando nuestro aferramiento. Con el perdón, el aferramiento que soltamos es mental, abandonando los juicios y los agravios que tenemos en contra de otra persona, junto con nuestros pensamientos relativos a cómo debería haberse comportado.

Cuando alguien no actúa como esperábamos o del modo en que nos gustaría, nos sentimos enfadados. Es fácil entonces pensar que es la otra persona la que nos ha hecho enfadar, responsabilizándola de nuestros sentimientos.

No obstante, si investigamos más detenidamente, solemos descubrir que nuestro enfado no se debe a su comportamiento, sino a cómo lo interpretamos nosotros, esto es, a la historia que nos contamos sobre lo que ha hecho y lo que debería haber hecho. Sería más exacto decir que nos hemos enfadado por el modo en que juzgamos la conducta de la otra persona.

Así pues, cuando perdonamos a alguien dejando de juzgarlo, nos ayudamos a nosotros mismos a sentirnos mejor. (En muchos casos, la otra persona quizá no llegue a saber siquiera que ha sido perdonada o incluso que la hemos juzgado).

El perdón genuino arriba cuando reconocemos que, en el fondo, el otro quiere lo mismo que nosotros, y que a su manera también busca estar en paz, liberarse del dolor y del sufrimiento.

Eso no supone que tengamos que aceptar o aprobar el mal comportamiento de alguien. Es posible que sintamos la necesidad de formular comentarios o sugerencias sobre cómo podría comportarse mejor, pero hagámoslo desde un corazón compasivo y no desde una mente llena de juicios.

Amabilidad

La palabra *amable* viene del latín *amabilis*, que significa «digno de ser amado».

En el fondo, todos somos dignos de ser amados. Todos queremos estar a gusto, que nos traten con respeto, sentirnos atendidos y apreciados. Nadie desea sentirse criticado, rechazado, ignorado o manipulado. Para reducirlo a términos más sencillos, todos queremos sentirnos amados. Pero no me refiero al amor romántico o a un desbordamiento emocional, sino al mero hecho de sentirse cuidado. Este es el fundamento universal de cualquier relación humana. Queremos sentirnos atendidos. Queremos que nos traten con amabilidad.

Si nosotros mismos queremos que nos traten así, deberíamos hacer lo mismo con los demás. Pero si no somos cuidadosos, es fácil que terminemos haciendo exactamente lo contrario. Y entonces, en lugar de intentar que los demás se sientan atendidos y apreciados, caemos en el círculo vicioso de las recriminaciones y los ataques.

Por lo general, todo empieza con un sentimiento de dolor por algo que alguien dijo o hizo. No importa si su intención era herirnos o no. El hecho es que nos sentimos heridos. Si no somos plenamente conscientes de la reacción emocional, es muy posible que nos defendamos devolviendo el ataque. Aunque esa no es la respuesta más noble ni más sabia, es la manera en que las personas que no estamos iluminadas tendemos a reaccionar. Tal vez se trate de un comentario o una crítica tajante, un tono disgustado de voz, un cambio en el lenguaje corporal o simplemente un silencio prolongado. Sea cual sea la forma que adopte, la intención subyacente es que la otra persona se sienta herida hasta cierto punto, aunque no demasiado, no lo suficiente como para interrumpir la relación, pero sí lo bastante como para que no se sienta completamente querida.

Pero si, como es probable, la otra persona tampoco es plenamente consciente de sus reacciones emocionales, su respuesta a un ataque percibido será probablemente muy similar a la nuestra. Nos devolverá el ataque, haciendo o diciendo algo que nos haga sentir heridos hasta cierto punto y no completamente amados.

Y no tardará en crearse un círculo vicioso, aunque tal vez no resulte tan evidente. En la superficie, parece que la relación discurre perfectamente, que ambas partes son amistosas y que no hay abierta ninguna hostilidad. Pero en el fondo se está llevando a cabo un triste juego. Cada persona, en su intento de que la otra se comporte de forma más cariñosa, está reteniendo su propio amor. Se están diciendo mutuamente: «No estás siendo amable conmigo. Por tanto, voy a ser un poco antipático contigo para que te des cuenta de tu error y me trates mejor».

Este es un juego en el que todos perdemos. No es de extrañar que muchas relaciones –personales, sociales y laborales– se desarrollen en un terreno accidentado. El círculo vicioso se rompe cuando recordamos que, al igual que nosotros queremos sentirnos queridos y apreciados, la otra persona también desea lo mismo. Nuestra intención se convierte entonces en: ¿Cómo puedo comunicarme mejor para que el otro no se sienta atacado o rechazado, sino atendido y respetado?

Podemos empezar por vigilar nuestros pensamientos y los motivos que nos llevan a atacar a la otra persona. Filtrar cualquier ataque, por sutil que sea, en nuestra comunicación resolverá en origen gran parte del problema.

Esto no significa que no debamos comunicar nuestra verdad. Pero deberíamos explorar maneras de exponerla que ayuden al otro a no sentirse atacado, sino apreciado. Cuando tengamos algo difícil que señalar, lo precedemos con la explicación del motivo por el que queremos decirlo, haciendo saber a la otra persona que nuestras palabras nacen de una actitud de cariño y no de ataque. Por ejemplo, podemos decir: «Valoro nuestra relación y quiero que crezca, pero para ello necesito hablar de un tema que me resulta complicado». Eso establece un tono muy diferente al que podría surgir si simplemente le espetamos nuestro malestar.

Asimismo, es útil expresar nuestros temores, porque también forman parte de la verdad. Revelar nuestro miedo al rechazo o a vernos malinterpretados ayuda a que nuestro interlocutor aprecie nuestra preocupación y se sienta más tranquilo, lo que, recordemos, es el objetivo del presente ejercicio.

Y cuando tengamos algún desliz en esta práctica, como seguramente ocurrirá de vez en cuando, y se reactive la modalidad de ataque, no hay nada como una disculpa sincera para volver a poner las cosas en su sitio. Reconocemos nuestro error (al fin y al cabo, todos somos humanos) e intentamos expresarnos de manera más cariñosa.

La práctica de la amabilidad es la Regla de Oro fundamental que reside en el corazón de todas las religiones. La Biblia declara: «Trata a los demás como quieres que te traten a ti». De igual modo, la tradición islámica señala: «Ninguno de vosotros es creyente hasta que desee para su hermano lo que desea para sí mismo».

Si todos aplicásemos este principio a las personas que conocemos o con las que hablamos, el mundo sería un lugar muy distinto.

Amarse a uno mismo

Este es un lema muy común: «Ámate a ti mismo».

Una forma de interpretarlo es que debemos amarnos, aceptándonos tal como somos, con todos nuestros defectos, teniendo compasión hacia nuestras carencias y alegrándonos de nuestros dones. Amarse a uno mismo de esta manera es ciertamente valioso, puesto que reduce los juicios que albergamos hacia nuestra persona y nos libera para vivir con mayor autenticidad.

Otra forma de amarnos a nosotros mismos consiste en tomar ese sentimiento de amor que habita en nuestro corazón, el sentimiento que conocemos cuando amamos a alguien, y dejarlo fluir hacia nosotros mismos, sin amar nada en particular, solo dejando que ese sentimiento de amor se halle presente y enfocado en nuestra persona.

Y hay otra forma más profunda de amarse a uno mismo: amar lo que a veces se llama el *puro* o *verdadero* yo o simplemente el Yo, esa sensación siempre presente e inmutable de la yoidad que reside en el corazón de nuestro ser.

La mayoría de las veces, no nos damos cuenta de esta sosegada presencia interior, porque nuestra atención se centra en lo que pensamos y experimentamos. Pero cuando la atención se relaja y volvemos a nuestro propio ser, disfrutamos de tranquilidad y paz interior, de una gran satisfacción que no carece de nada.

Conocer esta naturaleza esencial es algo divino. Los místicos han hablado mucho de ella. Los iluminados nos instan a abrirnos a ella, a disfrutar de su presencia tranquila y satisfecha.

Descansar en el Yo es tan delicioso que no podemos evitar amarlo.

Es lo que siempre hemos anhelado.

Es el Amado.

Nosotros somos el Amado.

Amar el amor

Amamos el amor. Es una de nuestras necesidades más básicas, una necesidad que hacemos todo lo posible para satisfacer.

Pero el amor no es algo que nos sobrevenga o que hagamos que ocurra, sino que habita siempre en nuestro ser. Se lo define como el «sentido secreto del Yo», secreto no porque se mantenga deliberadamente oculto, sino porque nuestra atención suele estar tan centrada en los pensamientos y experiencias que no advertimos su presencia. Pero, cuando reposamos en el Yo, sentimos ese amor. Somos amor.

El amor significa aceptar el ser de los demás, aceptarlos tal como son. Lo contrario del amor es la no aceptación, es decir, el juicio. El juicio se manifiesta cuando creemos que alguien no satisface nuestras necesidades, valores o normas, o que se interpone en nuestra búsqueda de la felicidad, lo cual no hace sino oscurecer nuestra verdadera naturaleza.

Así pues, encontramos el amor eliminando los velos que impiden su presencia, soltando el juicio, soltando el control, soltando el miedo, en definitiva, soltando el ego.

El amor reaparece cuando encontramos a alguien con quien nos sentimos seguros y protegidos, permitiendo que se desprenda la mente del ego. Podemos creer entonces que nos hemos enamorado de esa persona, pero, para ser más exactos, es con ella que hemos vuelto a enamorarnos.

Sin embargo, no tenemos que esperar a que otra persona nos brinde la oportunidad de volver a amar. Si nos sentamos en silencio y permitimos que se relaje el pensamiento, reconectaremos con nuestro propio ser y con la esencia del amor.

Entonces amamos el amor mismo.

Saboreamos lo que es sentir el amor y nos impregnamos de su suave calidez.

Sabiduría

¿Qué es la sabiduría? En la actualidad, escuchamos mucho esa palabra, como, por ejemplo, cuando se habla de la necesidad de la sabiduría, de las tradiciones de sabiduría, de las escuelas de sabiduría, de las enseñanzas acerca de la sabiduría.

A todos nos gustaría tener más sabiduría, y que los demás también la tuvieran, puesto que cualquier daño o sufrimiento proviene de la falta de sabiduría. Pero, ¿qué es esta cualidad que tanto apreciamos?

Una forma de abordar la sabiduría es desde el punto de vista de la progresión desde los meros datos hasta la información y el conocimiento.

Los datos son los hechos en bruto, las letras que hay en una página, por ejemplo.

La información procede de los patrones y la estructura de los datos. Las letras al azar nos suministran escasa información, pero si las ordenamos en palabras y creamos frases con ellas, estas nos aportan información y significado.

El conocimiento proviene de las conclusiones generales que extraemos al recopilar información, por ejemplo, al leer un libro.

La sabiduría se refiere al modo en que utilizamos este conocimiento. Su esencia es la comprensión, es decir, discernir lo correcto de lo incorrecto, lo útil de lo perjudicial, la verdad de la falsedad.

Podemos, por ejemplo, saber que cada uno de nosotros quiere ser feliz, sentirse amado y apreciado. Pero ¿utilizamos este conocimiento para manipular a los demás en nuestro propio beneficio? ¿O, por el contrario, nos servimos de él para tratarlos con cariño y respeto, ayudándoles a sentirse más felices y satisfechos?

Las personas a las que consideramos sabias han descubierto que la vida consiste en algo más que adquirir fama y riqueza, que el amor y la amistad cuentan más que lo que los demás opinen de nosotros. Por lo general, esas personas son amables, están satisfechas consigo mismas y son capaces de comprender cuáles son sus verdaderos intereses.

Existe la idea de que la sabiduría arriba con la edad. Pero ¿por qué esperar tanto tiempo? En un mundo ideal, al terminar la universidad no solo dispondríamos de los conocimientos suficientes para la vida que nos aguarda, sino también de la sabiduría imprescindible para aplicar dichos conocimientos.

Entonces la pregunta es: ¿es posible cultivar la sabiduría?

Resulta que la sabiduría que buscamos ya está aquí, en el corazón de nuestro ser. En lo más profundo de nuestro ser, sabemos distinguir entre el bien y el mal. Sin embargo, la voz silenciosa de nuestro conocimiento interior a menudo se ve acallada por la mente del ego, la cual tiene su propia agenda acerca de cuáles son nuestras necesidades.

Cuando soltamos el ego y descansamos en la quietud de nuestro ser esencial, la voz tranquila del discernimiento resplandece como una nueva forma de ver las cosas.

¿Fue fácil para el Buddha?

En algunos aspectos, el Buddha lo tuvo fácil. No se distraía con la televisión, con internet, con las noticias de catástrofes en tierras lejanas o con las últimas aventuras de famosos y políticos. No tenía que devolver las llamadas telefónicas, ni responder a los correos electrónicos que se acumulaban en su bandeja de entrada, ni ponerse al día con los últimos tuits y las publicaciones de Facebook. Tampoco tenía que trabajar para pagar las facturas. No le preocupaban las caídas de la bolsa, las fugas de radiación, el cambio climático o las quiebras bancarias. No se veía bombardeado por anuncios seductores que le decían que le faltaba esto o aquello y que no sería feliz hasta que no lo tuviera. No se hallaba inmerso en una sociedad que trataba en todo momento de reclamar su atención con pensamientos y distracciones superfluas.

Sin embargo, su camino también fue muy duro. El único consejo espiritual que recibió de joven fue el de los sacerdotes védicos tradicionales, que propugnaban elaborados rituales y sacrificios como vía de salvación. Tuvo que abandonar su hogar y pasar años vagando por los bosques y pueblos del norte de la India en busca de guías espirituales. Los líderes espirituales de su época empezaban a darse cuenta de que la liberación espiritual no provenía de deidad alguna, sino de lo más profundo. Intentó todo lo que tenía a su alcance, estudiando con los mejores maestros que fue capaz de encontrar, incluso practicando austeridades hasta el extremo de que estuvo a punto de morir de inanición. Pero al final tuvo que resolver la cuestión por sí solo. Y, cuando lo hizo, llegó a la comprensión radical de que aferrarnos a nuestras ideas de cómo deben ser las cosas provoca sufrimiento y nos aleja de nuestra auténtica naturaleza.

En la actualidad, lo tenemos mucho más fácil, puesto que nos beneficiamos de los descubrimientos del Buddha y de sus seguidores, quienes añadieron sus propias comprensiones profundas. Y podemos aprender además de una enorme cantidad de tradiciones espirituales, de los místicos de todas las culturas, de la sabiduría nativa y de otros caminos. No solo disfrutamos del beneficio de siglos de investigación espiritual, sino que también tenemos acceso a la sabiduría de las personas despiertas que viven en el momento actual. Tenemos la posibilidad de sentarnos a sus pies, leer sus palabras, escuchar grabaciones, ver vídeos o asistir a transmisiones en directo por internet. También contamos con avances en psicología, neurociencia, química y biología que aumentan nuestra comprensión y nuestra experiencia. Pero lo más importante de todo es que estamos destilando las diversas expresiones de esta sabiduría perenne en una comprensión común. De ese modo, despojándonos de los adornos del tiempo y de la cultura, estamos descubriendo colectivamente que la esencia del despertar consiste en dejar de lado nuestras ideas preconcebidas y nuestros juicios, devolver nuestra atención al momento presente y reconocer nuestra auténtica naturaleza.

Por un lado, con la cantidad de maestros y enseñanzas de que disponemos hoy en día, cada vez es más fácil despertar. Por el otro, los tiempos que vivimos, con sus incesantes exigencias, lo tornan cada vez más difícil. ¿Cómo equilibrar entonces ambos aspectos? En general, ¿es más fácil o más difícil que hace 2.500 años? ¿Quién puede decirlo? Sin embargo, inclinaremos la balanza a nuestro favor si aprovechamos la creciente riqueza de la sabiduría de que disponemos en el momento presente y elegimos los senderos más eficaces y directos hacia el despertar, sin dejar de ser conscientes de las distracciones de nuestro mundo contemporáneo que hacen que sea enormemente difícil mantenernos despiertos.

Soltar el futuro

Existe una antigua maldición china que afirma lo siguiente: «Ojalá vivas tiempos interesantes». ¿Por qué es una maldición y no una bendición? La expresión «tiempos interesantes» implica que hay muchas cosas en liza, numerosos cambios y nuevos retos que afrontar. En consecuencia, no siempre son tiempos cómodos.

Los tiempos actuales son ciertamente interesantes. Por un lado, el progreso en distintos campos hace que las fronteras del conocimiento y la tecnología avancen cada vez a mayor velocidad. Hemos sido testigos de tantos cambios en los últimos veinte años como en los cien anteriores. En el año 2000, ¿cuántos de nosotros preveíamos los teléfonos inteligentes, las redes sociales, las compras *online* y las películas en *streaming*? Y probablemente volveremos a ser testigos de cambios similares en los próximos diez años. ¿Quién sabe qué nuevas tecnologías nos parecerán entonces normales?

Por otro lado, la humanidad y el planeta se enfrentan a una crisis sin precedentes. Los bosques están muriendo rápidamente, se extingue un número creciente de especies, el aire está afectado por la polución y los ríos contaminados desembocan en los océanos. El cambio climático ya provoca condiciones meteorológicas extremas, pérdidas de cosechas e inundaciones en regiones costeras, y pronto suscitará migraciones masivas. Las enfermedades zoonóticas (las que se transmiten de los animales a los seres humanos) están apareciendo a un ritmo creciente, lo que hace que nuevas pandemias sean cada vez más probables.

Es evidente que no son tiempos cómodos y es probable que cada vez lo sean aún menos. Nadie sabe cuál será el desenlace de todo ello, pero, sean cuales sean los cambios que se produzcan, la habilidad de soltar será más importante que nunca.

Dado que los cambios son cada vez más rápidos, el futuro también es cada vez más imprevisible. En el caso de los eventos que somos capaces de predecir (por ejemplo, un huracán inminente), tenemos una idea de lo que ocurrirá y de cómo prepararnos para ello, pero ¿cómo prepararse para lo inesperado?

Me gusta establecer una analogía con los árboles que se enfrentan a una tormenta. En primer lugar, necesitan unas raíces fuertes y firmes para no verse arrancados. De igual modo, debemos estar firmemente arraigados en la tierra del ser. Tenemos que mantenernos fríos, tranquilos y serenos en medio de todos esos cambios, sin permitir que el miedo o el pánico se apoderen de nosotros a cada suceso inesperado. Tenemos que hacer a un lado nuestras creencias sobre lo que nos hará felices, recordando que lo que buscamos en la vida –paz, tranquilidad, satisfacción– está disponible aquí mismo, en nuestro interior.

Y, al igual que los árboles, que se mecen con el viento, también nosotros debemos ser flexibles, haciendo a un lado nuestras ideas acerca de cómo deberían ser las cosas y cómo debería ser el futuro, abandonando cualquier expectativa y deseo de seguridad. Ver las cosas con ojos nuevos, y no con los del pasado, es un factor crucial para el pensamiento creativo y la innovación que se requiere de nosotros.

Los árboles están más seguros en el bosque que solos, ya que se protegen unos a otros de la fuerza del viento. Del mismo modo, a nosotros también nos va mejor en comunidad. El futuro es un territorio desconocido, y en ocasiones nos sentiremos vulnerables y necesitaremos expresar nuestros sentimientos o pedir apoyo emocional y material. Tenemos que abrir nuestro corazón y ser más indulgentes, recordando que, en el fondo, todos queremos lo mismo: liberarnos del sufrimiento y sentirnos respetados y amados.

En el bosque, la tormenta puede arreciar en las copas de los árboles mientras que en el suelo todo permanece en calma. Y así también nos beneficiaremos de permanecer en la quietud de nuestro propio ser. En medio de la transitoriedad de la vida, este es un lugar de refugio permanente: la cualidad siempre presente e inmutable del «yo soy» y el centro tranquilo de nuestro mundo siempre cambiante. Es ahí donde podemos aprovechar una fuente de sabiduría e inspiración no contaminada por las agendas de la mente egoísta.

En resumen, tendremos que soltar todo lo que se interponga en nuestro camino para convertirnos en seres humanos más inteligentes, creativos, ingeniosos y compasivos, más en contacto con nuestro yo y más capaces de responder a los cambios con mayor claridad y sabiduría.

Y hacerlo de la manera que mejor se adapte a cada uno de nosotros. En estas páginas, he sugerido enfoques que me han ayudado a soltar. Es posible que el lector conozca otros que también le ayuden. Bien, cuantos más, mejor.

Sé por experiencia lo difícil que resulta mantenerse en el camino. Es fácil dejarse llevar por las numerosas distracciones que nos ofrece el mundo, por no hablar de las distracciones creadas por nuestra mente.

También en este caso, la comunidad –es decir, ayudarse mutuamente en el camino y sostenernos unos a otros para no caer– tiene un valor incalculable, señalando los apegos de los que debemos desprendernos, ya sean las posesiones, las historias que nos contamos, los juicios, las quejas, las preocupaciones o cualquier otra cosa que genere descontento superfluo. Tenemos que recordarnos unos a otros que debemos relajarnos, volver al presente y descansar en la profunda paz de nuestra verdadera naturaleza.

La buena noticia es que estamos buscando colectivamente el núcleo común de las diferentes tradiciones de sabiduría, destilando su esencia y utilizando vías de comunicación que antes no estaban disponibles para compartir este conocimiento con todo el mundo.

Además, lo hacemos con un lenguaje accesible, procurando que descienda el despertar a la tierra, sin carga metafísica alguna, sin vernos enredados en las trampas de una cultura ajena o reservándolo solo para unos cuantos elegidos. Hacemos que sea razonable, sencillo y comprensible.

Y, lo que es más importante, hacemos que sea atractivo y algo que la gente desee, lo que nos remite de nuevo a las palabras de Ajahn Chah con las que abríamos este libro:

Si sueltas un poco, obtendrás un poco de paz.
Si sueltas mucho, tendrás mucha paz.
Si sueltas completamente, alcanzarás la paz completa.

editorial

Puede recibir información sobre
nuestros libros y colecciones inscribiéndose en:

www.editorialkairos.com
www.editorialkairos.com/newsletter.html
www.letraskairos.com

Numancia, 117-121 • 08029 Barcelona • España
tel. +34 934 949 490 • info@editorialkairos.com